Vom Krebs und der Krähe

Phoebe Kleinschmid, geboren 1954 in Linz, Österreich, studierte an der Universität Wien Geschichte und Sportwissenschaft.

Phoebe Kleinschmid

Vom Krebs und der Krähe

Der Monolog eines langen Jahres

Erinnerungen

Bibliografische Information Der Deutschen Bibliothek:
Die Deutsche Bibliothek verzeichnet diese Publikation in der
Deutschen Nationalbibliografie; detaillierte bibliografische Daten sind
im Internet über <http://dnb.ddb.de> abrufbar.

Herstellung und Verlag: Books on Demand GmbH Norderstedt
Umschlaggestaltung, Satz und Layout: Sophie Huber
Umschlagbild: Phoebe Kleinschmid
ISBN 3-8334-1839-7

Für G., T., S. und J.

EINS

Die Angst kommt wieder, immer wieder.

Wie das ist mit der Angst, fragst du mich, wie man das aushält, willst du wissen, zu wissen, dass vielleicht die Bombe tickt, ganz leise und unerkennbar, im eigenen Körper? Eine absolut lautlose Bombe, die in deinem Körper detoniert und ehe du es bemerkst, hat sie ihr Gift über den gesamten Planeten deines Leibes ausgebreitet. Du erkennst das Antlitz dieser Angst nach einiger Zeit schon von Weitem, hast dich daran gewöhnt, so absurd es klingt, es ist dir eine alte Bekannte geworden, und in verschiedenen Gewändern tritt sie auf, doch inzwischen weißt du, dass du leben kannst mit ihr. Und im Übrigen bleibt dir auch gar nichts anderes übrig. Zuerst hast du gemeint, du bist schon so gut wie tot, mausetot in der Seele, mit dieser Diagnose, ein lebendiger Leichnam, hast den körperlichen Tod gedanklich vorweggenommen, dann allmählich rappelst du dich langsam auf, fühlst, dass du doch tatsächlich noch lebst, es geht dir gut, seltsamerweise, auch wenn du nach außen hin keine Kontrolle deines Befindens hast, du kannst es weder dir noch den anderen beweisen. Aber wozu auch, vorher konntest du das auch nicht, es war nur einfach kein Thema. Es gibt eine Unzahl von Menschen, die auch ohne diese konkrete Diagnose Krebs mit dieser diffusen Angst Krebs leben. Oder? Das zumindest ist die Art, in der ich mir selber regelmäßig Mut mache.

Ich erwache mitten in irgendeiner Nacht, das Licht draußen ist graugrün, und von irgendwo scheint grüngrau ein Mond zu scheinen, aber nicht direkt. Ich erwache, weil ich viele, laute Stimmen höre. Durch das Fenster sehe ich viele jugendliche Gestalten, hoch gewachsene, junge, starke Burschen, ich weiß nicht, wie viele es sind. Keine Ahnung. Alle haben sie kurze Haare und graugrüne Jacken an, sie sehen alle fast gleich aus, fuchteln mit den Händen in der Luft herum, gestikulieren, sie kommen auf meine Haustür zu und wollen sichtlich in mein Haus eindringen, ich überlege kurz, ob ich sie hereinlassen sollte, sie sind bereits an der Schwelle, die Tür geht auf und in letzter Sekunde und mit großer Kraft gelingt es mir gerade noch sie draußen zu halten, ich kann ihnen gerade noch die Tür vor der Nase zudrücken, die Tür schnappt in das Schloss, ich kann sie verriegeln und überlege, ob ich gleich die Polizei rufen soll? Ich wähle aber ununterbrochen immer nur die Nummer von der Rettung, sonst nichts. Etwas anderes kommt mir erst gar nicht in den Sinn. Seltsam, aber ich bin doch gar nicht verletzt! Zu meinem Erstaunen versuchen die Burschen gar nicht weiter einzudringen, halb heiter, halb murrend verteilen sie sich im Garten, kugeln dort herum, albern und toben sich in der G'schtettn hinterm Haus aus. Sie werden langsam weniger, ich habe keine Ahnung, wie viel Zeit inzwischen vergangen sein mag, endlich, einer nach dem andern ziehen sie ab. Durch die verschiedenen Fenster beobachte ich sie noch lange. Anscheinend bin ich alleine zu Hause, ich wandere auf leisen Sohlen durch die finsteren Gänge meines Hauses von einem Zimmer zum andern, bin froh, als es schließlich wieder ruhig wird in dieser seltsam graugrünen Nacht. Sie ist inzwischen viel blasser geworden. Die scharfen Konturen sind verschwunden und nicht mehr bedrohlich, es könnte sein, dass es zu dämmern begonnen hat.

Ich tauche aus dem Nichts auf, aus einem endlos tiefen Nebel, fühle nichts oder vielleicht doch sogar so etwas wie eine kleine angenehme Leichtigkeit, nur für Bruchteile von Sekunden, mein Körper und ich, wir haben Urlaub gemacht und sind noch am Übergang kurz vor dem wieder Eintauchen in das Erdenmeer.

Diesen Zustand will ich noch auskosten, eine Art Trunkenheit, die ich festhalten will, mein Blick streift über die Decke des Zimmers, vom Bild an der Wand zum unvermeidlichen Kreuz, vom leidvollen Kreuz an die nackte Wand und von der Wand zum Fenster, ich erkenne langsam und auch viel zu schnell. Mein Blick trifft sein nasses Gesicht, trifft mich wie ein Keulenschlag mitten ins Gesicht, und zurück. Er steht am regennassen Fenster und schaut hinaus, sein trostloser Blick geht in die endlose Leere; er hat bemerkt, dass ich erwacht bin und ich lächle ihn nur an; die Tränen rinnen über sein tieftrauriges Gesicht und ich erspare mir die einzige Frage, sie ist gerade in diesem Moment überflüssig geworden. Verzweiflung schaut so aus. Noch bin ich nicht da, nicht zurück von meiner Reise, nicht bereit für die Antwort, die ich sowieso schon weiß.

Es ist Anfang November 2000 und der Anfang einer langen Zeit. Ich spüre kleine Stiche in meinem Bauch. Kleine, elektrische Blitze, kein Schmerz, nur ab und zu und schnell wieder vergessen. Nur ihre tägliche Wiederkehr und Erinnerung lassen mich nicht vergessen, machen mich langsam nachdenklich, ich merke, dass ich oft müde bin und mir die Luft ausgeht, wie einer Batterie der Saft, dieses Bild kommt mir manchmal in den Sinn. Ich bin nicht so belastbar wie früher. Oder? Das Einzige aber, das mich wirklich in Panik versetzen kann, ist meine Migräne, seit dreißig und mehr Jahren, es raubt mir tatsächlich mein Lebensgefühl, wenn der Schmerz an den Schläfen zu klopfen beginnt: Bitte nicht schon wieder, denke ich. Erst wenn ich gestorben bin, dann hab ich endlich keine Kopfschmerzen mehr. Herrlich. Meine Asche in der Urne wird noch zucken, wenn Kaltfrontwetter oder Fön angesagt ist. Aber an den Tagen dazwischen ist meine Welt in Ordnung, da bin ich im Eilschritt unterwegs, keine leiseste Ahnung hat da Platz, dass etwas mit mir nicht stimmen könnte und im Übrigen wüsste ich ja gar nicht mehr, welche Migränetherapien ich noch ausprobieren könnte, sämtliche naturheilkundlichen, schul- und alternativmedizinischen Möglichkeiten habe ich bereits durchgespielt.

Ende November, die jährliche Routine beim Frauenarzt. Meine Vermutung, dass die Spirale schlecht sitzt, stellt sich als falsch heraus: Endometriose, wahrscheinlich eine in die Bauchhöhle verirrte, dort wuchernde Gebärmutterschleimhaut, eine bisschen Flüssigkeit ist zu sehen, wo keine hingehört, bei stark erhöhtem Tumormarker, aber nicht erschrecken!, denn der ist bei Endometriose sowieso auch immer erhöht. Sowie bei Krebs. Ein Marker für zwei Diagnosen. Überrascht von meinen eigenen Worten, aber emotional neutral, wie von außerhalb, höre ich mich die Frage stellen, ob es auch Krebs sein könnte. Das Bild meiner Mutter kurz vor ihrem Tod drängt sich mir unmittelbar auf. Aber ich nicht, ich bin nicht gefährdet, ich bin doch ganz anders als sie, jedes Leben ist anders, und mein Leben verläuft bisher ganz anders! als das ihre. Und um die Causa möglichst bald zu erledigen, bestelle ich auch gleich für die nächste Woche einen Termin zur Laparoskopie im Krankenhaus.

Wir sitzen an einem runden Tisch und füllen riesengroße Zettel aus. Ein Fragebogen liegt vor mir, es ist ganz still im Raum, nur das Kratzen der Stifte, dicke Luft wie bei einer Prüfung. Ich lese und verstehe nicht, es sind ganz einfache Fragen, ich lese, aber ich verstehe die Zusammenhänge nicht, kann die Wörter nicht zu einem Sinn verbinden. Sie entgleiten mir, noch bevor ich sie entziffern kann, sie purzeln durch den Raum, machen sich lustig über mich. Das ist mir unangenehm, peinlich, die ersten sind schon fertig, machen sich zum Gehen bereit. Am liebsten würde ich abschreiben wie in der Schule, aber wo? Von wem? Der Herr links neben mir ist ein Bekannter, ich weiß, dass er Krebs hat oder hatte, er ist längst fertig mit seiner Aufgabe. Die meisten sind schon gegangen, ein irgendjemand greift mir von hinten tröstend auf die Schulter, es wäre nicht eilig, sagt er, ich könnte den Zettel auch später noch ausfüllen. Ich gehe.

Am Abend davor nimmt die Ahnung zum ersten Mal Form an. Es könnte auch bösartig sein, meint der Primar. Morgen wissen wir mehr. Es kann immer alles oder nichts sein, wenn man in den Bauch hinein schneidet, kann sein oder nicht sein. Ganz klar. Einsamkeit – Gedankenflut – Zweifel – Hunger befallen mich, ich habe den ganzen Tag noch nichts gegessen. Es ist ruhig geworden im Krankenhaus, der Druck auf den Fernsehknopf möge mich erlösen. Verblödet grinsende, ewig gesunde, kraftstrotzende Welt, scheinbar gibt es nur gesunde, ewig junge, perfekte Menschen mit ultraweißem Lächeln, zufriedene, strahlende Großmütter spielen mit ihren süßen Enkelkindern und ohne Probleme auf dieser Welt, Werbung, ich hasse sie, ich beneide sie alle beispiellos, da drinnen, da draußen heult der Wind, schwarze Wolkenfetzen rasen über den Nachthimmel, lösen mich auf. Ich schaue wie hypnotisiert den Wolken zu. Eine junge Ärztin schaut spät abends noch herein bei mir, ob ich nervös bin vor der Operation, fragt sie, ich habe nicht Angst vor der Operation, aber vor der Diagnose, sage ich, sie hat das vor Kurzem auch durchgemacht, sagt sie, ich hab sie nachher nicht mehr gesehen. Der Fernseher läuft noch immer, ein rührender Film über unerlöste Liebe und Tod, ist Liebe erst im Tod relevant? Scheint nur so perfekt zu sein. Oder ein verlogenes Klischee derer, die sich nie entscheiden können und wollen.
Muss Leben Leiden sein? Das war immer gut für die Unterdrücker, aber das war noch nie meine Philosophie, Leben erst kostbar, wenn ungelebt, ich kann nicht folgen, die Gedanken stillhalten, welch eine beschissene Scheinwelt wird hier eigentlich verkauft? Wozu sich ärgern!

Hohe dunkle Zimmer, große schmale Fenster mit extra breiten Fensterbrettern, auf denen man stundenlang sitzen und auf die Straße hinunterschauen kann, die Leute beobachten, die Autos zählen, es riecht nach Klavier und alten Büchern. Viele Menschen kommen und gehen hier ein und aus, lachen, singen und reden viel und laut. Der Kachelofen weiß, warm, stumm und schlank steht auch da. In diesem Zimmer bin ich auf die Welt gekommen. Unter dem großen, schwarzen Klavierflügel kann ich stundenlang sitzen und träumen und beobachten und niemand sieht einen, der verschluckt einen. Meine großen Schwestern bekommen Klavierunterricht von einem langen, dünnen Mann, der sehr ernst dreinschaut. Wenn ich am Abend nicht einschlafen kann, schau ich mir die lilarosa Reklameleuchtschrift über meinem Bett oben an der Decke an, die sich vom Haus gegenüber spiegelt. Plötzlich schlägt schaurig schön die Turmuhr vom Alten Dom. Ich höre meine Schwestern leise atmen, sie schlafen schon, ich weiß wenig von ihnen, sie sind schon so groß, unter dem riesigen u-förmigen Tisch, an dem wir alle drei Aufgaben machen, stehen die Puppenwagen, sie beginnen zu rollen und zu quietschen und die Puppen werden zu lebendigen Figuren aus der Grottenbahn. Mit meiner schwarzen Negerpuppe mit den krausen Zöpfen kann ich sie beherrschen. Ich höre die Eltern nebenan noch lange miteinander reden, kann aber ihre Worte nicht verstehen, die Tür ist ein bisschen geöffnet, gedämpftes orangefarbenes Licht fließt herein.

Meine Großmutter wohnt gleich an der Tür nebenan. Wir haben zwischen den Zimmern ganz breite Türrahmen, dort verkeile ich mich, wie in einem Kamin, ganz oben. Es ist richtig spannend, man hat dabei den Überblick und schaut sich von oben das ganze Familientheater an. Wenn ich davon genug habe und bevor meine Beine krumm werden, setz ich mich auf die Schaukel. Zwischen dem Studierzimmer meines Vaters und dem großen Wohnzimmer mit dem Klavier ist sie aufgehängt. Auf seinem quadratischen Tisch mit den eingelegten Holzteilchen liegt die braunweiße, große Muschel, zu der es mich magisch hinzieht um das Rauschen des Meeres zu hören und ringsherum liegen Steine; Kiesel; Formen; tausend stumme Bücher blicken mich von überallher an und tausend bekritzelte Zettel und mitten drin mit seinen himmelblauen Augen sitzt mein Vater und blickt genauso stumm durch seine große, immer mit Schuppen benetzte Brille. Was er wohl so viel denkt den ganzen Tag? Seine weichen, sanften Hände streichen über meinen Kopf, mit denen hätte er gut Klavier spielen können. Hat er aber nicht, hat er nie gelernt. Kra-kra-eins-zwei-eins-zwei- quietschen die Eisenringe hoch oben, sind schon ganz durchgewetzt, und ich fliege immer höher durch die Welt, bis jemand zum Essen ruft in der dunklen Küche. Frau Resi, unser Mädchen für alles ist oft da, bis man schließlich die Ursache für den Verbleib unsres Silberbestecks unter ihrem Bett hervorzog, dann war sie gleich nicht mehr da. Drei dicke Talgbeulen hatte sie auf der Mitte des Kopfes und dazwischen lange, silbergraue Haarfäden, die in einer Rolle geformt irgendwo am Kopf endeten. So verfliegen die Jahre meiner Kindheit. Eine Erinnerung, ein Geschmack, ein Geruch, ein Gefühl an das Haus meines Vaters.

An den Wochenenden fahren wir fort, machen Ausflüge, meistens nach O. an der Donau, da wohnt mein großer Bruder, wir dürfen aber nicht miteinander spielen und für mich ist er sowieso viel zu alt. Wo die Wiesen und Wälder glänzen, die Gärten duften, wenn die Sonne drauf schmatzt, wo ich durch den großen Torbogen ein Stück blauer Donau erkennen kann und mich frage, wo sie hin fließt. Ins Schwarze Meer sagen sie. Und genau in diesem Garten steht der Apfelbaum, an dem Eva den Adam verführt haben muss, dort nämlich ist mir in einer Nacht der leibhaftige Teufel erschienen, von der Wendeltreppe im Vorhaus ist er heruntergerutscht, hat sich an der Wand angeheftet und mich schaurig angegrinst und am nächsten Tag hat sich meine Schwester an diesem Baum den Arm gebrochen. In jener Nacht hab ich Schluss gemacht mit Adam und Eva, dem Teufel und der Kirche zugleich, denn eines bedingt das andere. Mit meiner Großmutter spiele ich oft Canasta und wir kochen Kakao, sie hat einen so großen Busen, dass sie die Tasse draufstellen kann. Manchmal döst sie mitten im Spiel in ihrem Ohrensessel ein und vor sich hin, dann droht der Kakao bei jedem Atemzug abzustürzen und ich kann inzwischen gut schummeln. Sie unterrichtet Klavier und Gesang, und genau dabei hat mein Vater meine Mutter kennen gelernt oder umgekehrt, das weiß ich nicht so genau. Meinen Großvater kenne ich nur aus drei Geschichten, die die Großmutter erzählte, denn er war schon lange tot, als ich zur Welt kam: dass er seinen Namen mit der Kaffeekanne aufs Tischtuch schrieb und so die Köchin zu Tränen rührte, dass er spätabends oder frühmorgens beim Heimkommen seiner Zimmerwirtin, die ihn durchs Schlüsselloch beobachtete, ins Aug gepinkelt haben soll und dass er, wenn man versuchte ihn auf der einen Seite der Kutsche hinein zu heben, auf der andern Seite wieder heraus gefallen ist, der Herr Medizinalrat, mehr wurde mir nicht über ihn erzählt.

Zu Ostern gibt's von der Früh bis zum Abend eine Schnitzeljagd, ich suche Zettel und Eier im ganzen Haus vom dritten Stock, wo meine Tante Helene mit ihrem Johann wohnt, bis zum Hof, wo die Tauben auf den Mistkübeln sitzen und laut und unheimlich gurren, guruh-guruh, am lautesten hört man sie, wenn man am Klo sitzt, und am Abend finde ich immer noch ein Ei im Backrohr. Ich habe meinen Vater dabei erwischt, wie er die gefundenen Eier noch einmal versteckt hat, hinter meinem Rücken, und auch wie er den Christbaum geschmückt hat. Er hat eine Glatze und rundum schulterlange, weiße Haare, buschige, weiße Augenbrauen und traurige Augen, blau wie der Himmel; manchmal besuche ich ihn im Büro, ich laufe vorbei am Alten Dom und rieche den erhabenen Duft, der herausströmt, aber ich möchte nicht hineingehen in diesen dunklen, goldenen Schlund. Ich schau mir die vielen Schaufenster beim Kraus & Schober an, laufe vorbei an der Pestsäule über den Hauptplatz zum Kulturamt, Kulturamt, was das wohl heißen mag, und da sitzt er hinter seinen Bergen von Büchern und liest oder schreibt. Kultur. Manchmal nimmt er mich mit zu seinem Freund Linus. Er, mein Vater, hat eine andere Zeit als die anderen, ist meistens leise und sehr gescheit. Er hält mich unsicher im Arm, ich bin sein viertes und letztes Kind. Er ist ruhig im Sinne von schweigsam und sein Blick geht nach innen. Einmal ist der Krampus ins Haus gekommen und hat die Großmutter verdroschen, alle haben Tränen gelacht, nur meine große Schwester hat vor lauter Angst geweint. Vormittags streune ich durchs Haus, klingle in jedem Stock an jeder Tür, schau mir bei der Frau Pamperl, die keine Kinder mag, die komischen Hüte in der Auslage an, am liebsten würde ich sie alle einmal aufsetzen, oder nebenan die Kleinbahnen, ich nehme meine Hefte aus der Tasche und setz mich auf eines der großen Fenster im Stiegenhaus, die Leute, die da ein und aus gehen, reden halblaut vor sich hin oder singen, sie bemerken mich gar nicht und von überall dröhnt Lärm, Geräusch, Musik, die Tauben im Hof gurren noch immer, aus allen Türen dringt Klavier, Gesang, Geschrei, Gelächter, ich schreibe und rechne und denke mir endlose Geschichten aus, warte bis meine beiden großen Schwestern von der Schule heimkommen. Dann klingle ich an der schwarzen Tür und erzähle meiner Mutter, was in der Schule los war. Sie hat große, dunkle, grünbraune Augen, wie ein tiefer See, rote Lippen und große, schwarze Locken, sie hält mich fest in den Armen und ich spüre, wie sie ganz gierig auf das Leben ist. Stolz und glücklich steht sie mit abgeschnittener Krawatte nach bestandener Flugprüfung vor mir.

Wir haben einen kleinen Bruder bekommen, keine Ahnung, wo der so plötzlich hergekommen ist, er muss vom Himmel gefallen sein. Ich besuche sie nach der Schule im Krankenhaus, er hat einen ganz schiefen Kopf, weil das Chinin bei der Geburt so stark gewirkt hat und daher ist er mit einer Windel abgedeckt, aber die Schwester Oberin lacht und sagt, das wird schon wieder. Und Recht hatte sie! Ob ich eine glückliche Kindheit hatte? Ich hab nur die meine erlebt, eine andere kenne ich nicht.

Der nächste Morgen beginnt nüchtern. Wir fahren mit dem Bett über die Gänge und im Eilschritt läuft jemand neben mir her, ob ich unterbunden werden will, fragt sie, ich möchte doch unterschreiben, wenn ich möchte. Was? Wie bitte? Möchte ich? Keine Ahnung, aber warum denn nicht, Nebensache, ich unterschreibe, alles oder nichts, Sein oder Nichtsein. Wir lachen, warten am Gang, ein paar blöde Witze tun unheimlich gut. Gesichter von unten, die mir liebevoll Mut zusprechen, wir verabschieden uns. Jetzt geht alles sehr schnell. Grelle Lichter von oben, Menschen in weißen und grünen Kitteln gehen vorüber, links drei Betten, rechts drei Betten, alle liegen im Koma, manche schnarchen laut mit weit aufgerissenem Mund, mir ist unendlich kalt, außen und innen, ein Gesicht beugt sich zu mir herunter, will mich aufheitern und auf einer heiteren Wolke werde ich fort getragen.

Ich kann wieder fliegen. Ganz schwerelos schwebe ich durch die Gegend. Es ist ganz einfach: mit einem Blasebalg pumpt man sich auf, bis man leicht abhebt, dann steigt man immer höher hinauf, breitet die Arme weit aus und lässt sich von der Strömung davon tragen. Die anderen unten sind nur mehr winzig kleine Punkte, ich winke und rufe ihnen zu, sie sollten es auch ausprobieren, sie sollten diese herrliche Leichtigkeit ausprobieren, die Schwere der Erde loswerden, zwischen mir und der Erde ist nur Luft, Lust, Leichtigkeit, Leere. Das Leben ist ja so schön. Sie schauen alle ganz stumm zu mir herauf. Ich sollte wieder heim fliegen. Meinen sie. Es ist kalt geworden, der Winter ist angekommen und der Weg nach Hause ist noch sehr weit, erst jetzt bemerke ich, überall liegt schon tiefer Schnee auf den Hügeln, ein starker Wind kommt auf, ich gehe lieber zu Fuß nach Hause. Es wird schon dunkel. Ich muss mich beeilen, wenn ich nicht erfrieren will, denn wer will das schon.

Ich tauche aus dem Nichts auf, aus einem Nebel, fühle nichts oder vielleicht doch sogar so etwas wie eine angenehme Leichtigkeit, nur für Bruchteile von Sekunden, mein Körper und ich, wir haben Urlaub gemacht und sind noch am Übergang kurz vor dem wieder Eintauchen in das Erdenmeer. Diesen Zustand will ich noch auskosten, eine Art Trunkenheit, die ich festhalten will. Seine Hand in meiner Hand, ich spüre unendliche Wärme, Nähe, Berührung, ich komme und gehe, schaukle hin und her zwischen den Welten ohne Denken, wir wechseln ein paar viel sagende Blicke, belanglose Worte, ein kleines Nicken mit dem Kopf, ergeben in die lähmende Ohnmacht, er war bei der Operation dabei, er sitzt lange und still neben meinem Bett, er muss jetzt gehen, meint er, die Kinder, warten, zu Hause. Ich tauche wieder unter in den Frieden der Narkose, in das köstliche Nichtwissen. Szenen und Menschen aus der Vergangenheit, die mich in früheren Narkosen begleitet haben, tauchen unerwartet auf. Und dann plötzlich bin ich hellwach, und alleine und wieder ist es Nacht, Regen und Sturm. Schön langsam hat sie mich dann bekrochen die Tragweite der Diagnose, die Angst, die Wahrheit, die Wirklichkeit, Stück für Stück, ohne zurück. Ohne das ganze Ausmaß zu erkennen, ist im Grunde auch nicht essentiell, das bösartige Wort allein genügt für mein trostloses Befinden. Darauf war ich nicht vorbereitet, nicht jetzt. Nie. Wahrscheinlich kann man sich auf so etwas gar nicht vorbereiten, wofür denn auch vorwegnehmen, was dann auch noch schlimm genug. Ein

Schlauch und dran ein Sack mit Blut klafft aus mir heraus, um aufs Klo zu gehen, muss ich der Schwester läuten. Gar nicht der Rede wert, das ist der Alltag hier, wer wird denn gleich so zimperlich sein, das geht vorbei. Normalerweise bin ich gelassen, das wird bald wieder, nur nicht aufregen, aber diesmal ist alles anders. Die Schwester kommt, hilft. Sprachlos und beklommen, sind wir beide, fingerdick liegt der Krebs im Raum. Die Diagnose wagt kaum einer auszusprechen. Ich blicke an mir hinunter, wo ist meine Würde geblieben? In so kurzer Zeit? Ich muss meine Blase entleeren und das erfordert meine volle Konzentration, ich spüle meine Würde gleich mit hinunter. Es ist schon merkwürdig an welchen scheinbaren Kleinigkeiten sich der Selbstwert eines Menschen erhängt. Die Schwester bietet mir eine Schlaftablette an, ich lehne großartig ab, lapidar und heroisch sage ich: da muss ich schon selber durch. Oder? S. kommt völlig überraschend abends noch auf Besuch, verheult, fixfertig, aufgelöst, sie weint, wir drücken uns lange, wir reden viel und über alles, machen uns gegenseitig Mut, das tut gut. Sehr gut. Uns beiden. Sie weiß schon mehr Details als ich. Die ersten Anrufer, ich beruhige sie, sie meinen: du schaffst das, du schaffst das und ich will es gerne glauben, ich fühle mich schwach, sehr schwach, aber nicht krank. Seltsamerweise.

Ich bin wieder alleine mit mir, wieder ist es späte Nacht geworden, die Geräusche des Hauses sind verstummt. Wieder allein mit den Wolkenschiffen und dem Heulen des Windes, dazwischen bleierne Stille. Wieder tost draußen der Wind, wieder knallt der Regen an die Fenster. Was gestern potentielle Angst war, ist heute Angst mit Gewissheit. Darauf war ich nicht vorbereitet. Der Mond beleuchtet die Berge, meine Berge, meine Wehmut und mein Selbstmitleid. Was nun? Statt Fernsehen ist diesmal Logik angesagt. Wenn Zeit ein Konstrukt des Menschen ist, dann ist es egal wie lange du lebst, es ist einerlei unverständlich unabänderlich, und du bist irgendwo im Nirgendwo, denn auch der Raum ist ein Konstrukt des Hirns. Sinnloses Hirngeschwafel, Bla, Bla. Tröstet nicht, hilft absolut nicht weiter, keinen Zentimeter, nicht im Bauch. Mein innerer Monolog, mein Dialog mit mir, geht spazieren mit mir, er mit mir, nicht ich mit ihm. Aber ich, ich bin nicht nichtig, sondern richtig wichtig und ich will das alles nicht, hier liegt das Problem, praktisches Denken dreht sich im Kreis. Und irgendwann in dieser Nacht ist dann die Zeit, die sonst so rast, plötzlich stehen geblieben, als hätte sie sich verselbständigt, aufgelöst, sich einfach unabhängig gemacht von allen mit ihr in Verbindung stehenden Faktoren, sich die Freiheit herausgenommen einfach so eine Pause einzulegen, wie ein Film, der stecken geblieben ist. Vielleicht pflanzt sich Zeit nicht kontinuierlich, sondern in unregelmäßigen Sprüngen fort. Vielleicht pflanzt sie sich gar nicht fort, steht einfach nur da, still und stumm, wie das Männlein im Walde. Nur wir wissen es nicht, teilen sie einfach ein, in regelmäßige Abstände wider ihre Natur. Wie lange wird es dauern, wie wird die Reise werden, was und wohin, was will ich noch, erledigen, fast ein perverser Gedanke an irgendeine Pflicht, ich habe noch Lust auf tausend Ideen und will meine Lieben begleiten, lieben, leben und erleben und wieso überhaupt jetzt, wo das Leben gerade gemütlich geworden, ein idiotischer Zeitpunkt, und wieso überhaupt, soll man so eine Frage überhaupt stellen? Wieso Krebs und nicht MS, Herzinfarkt oder Muskelschwund, wieso heißt diese Krankheit überhaupt Krebs, wieso Eierstockkrebs und nicht Leber-, Pankreas- oder Hautkrebs und wieso mir, ich bin schon im Sternzeichen Krebs, das muss genügen, mir tut alles weh, ich verstehe nichts mehr. Keinen Sinn. Ich möchte die Rätsel lösen. Alle. Möglichst bald. Schon wieder muss ich aufs Klo, schon wieder läuten? Nein, ich wandere diesmal alleine, gewinne mich ein Stück zurück. Im Bett zurück, die Zeit steht still, mir zum Trotz, macht was sie will, vielleicht will sie was Gutes, Zeit schenken oder so, zeigen, dass sie nicht real ist, sie ist mir wohl entglitten, habe keine Macht mehr über sie. Macht, die ich nie hatte. Du hast Krebs – ich habe Krebs, wir haben Krebs, ich bin nicht die Einzige auf dieser Welt voller Krebs, das ist bestimmt kein Trost, ich liege, sitze, liege, stehe, stehe, sitze, liege, erwache panisch, es lässt sich nicht einfach wegdenken: Krebs, Krebs, Krebs wie die Maus im Laufrad, nur ohne Bewegung. Eingefroren. Wolkenfetzen drehen mich wieder und wieder im Kreis, lösen mich auf, scharfe Konturen wechseln in rasendem Tempo, werden hinausgeschleudert und verschwinden in irgendeine fremde Welt weit da draußen, Schatten drehen mich im Wind hinaus an den Ereignishorizont von Schwarzen Löchern, ich bin noch nicht satt, all diese Gedanken an Abschied tun weh, das ist alles. Und das ist viel, sehr viel. Zu viel um es zu ertragen. Es ist jetzt nicht nur die Angst, die mich gepackt hat, es ist die Wut, kein Warum gerade ich, sondern ein Bitte jetzt noch nicht. Und irgendwann ist das Denken und Fühlen unerträglich geworden, doch die Nacht ist gnädig, sie dämmert, jetzt endlich läute ich um die Schlaftablette, die mich erlösen möge, aber nein, sagt die Schwester, jetzt kommt doch schon gleich das Frühstück. Ich versinke trotzdem.

Gesichter kommen und gehen, sie schauen, sie lachen, sie weinen mich an und erzählen von ihrer Beziehung zu mir. Erzählen längst vergessene Geschichten aus meinem Leben. Sie kommen ganz nah an mich heran, verzerren sich dabei. Ich erkenne sie alle und fühle ihre Nähe, sie alle haben mich irgendwann in meinem Leben ein Stück begleitet. Sie kommen ganz nahe heran, und dabei werden sie riesengroß und schneiden Grimassen, sie tanzen und sagen: du schaffst es, du schaffst es.

Wir reden, über alles, das ist wichtig: Aussaat im Bauchraum unklar, warten auf den Befund, er bittet mich zu kämpfen, fühlt sich wie der, der beschlossen hatte es mit aller Kraft, so gut er konnte und von ganzem Herzen zu lieben, gerade in dem

Augenblick als es starb, sein Kind. Ich verspreche zu kämpfen, solange die Kräfte reichen. Die unerträgliche Spannung ist irgendwann gewichen, losgelassen, paradox, ich habe noch gar nicht geweint. Hoffnung und tiefe Verzweiflung, weniger Hoffnung als Verzweiflung wechseln sich ab, die Kinder sind gekommen, meine Kinder, meine heiß geliebten Kinder, sicherlich, sie sind schon groß, aber es gäbe noch unendlich vieles an Miteinander, sie reagieren nach außen ganz unterschiedlich auf den Schock: Verunsicherung, Verwirrung, tiefe Verzweiflung, wer hätte je gedacht, dass Mutterschaft endlich ist, wir weinen miteinander, auch ich, endlich. Die Diagnose ist angekommen: sie lautet Eierstockkrebs mit der schon bekannten Aussaat im Bauchraum. Ovarialcarcinom mit Carcinosis peritonei, diese Worte werden in Zukunft zu meinen ständigen Begleitern werden. Die Therapie dazu ist klar: Totaloperation nach Wertheim und Chemotherapie, ich nicke. Klarer Fall. Jetzt nur nicht den Mut und die Nerven verlieren, das haben vor dir schon mehrere geschafft, der Mut, das ist mein erstes Thema. Und dazu werde ich noch eine kräftige Portion Humor brauchen.

Ist es Feigheit sich der Chemotherapie zu verweigern, Angst vor dem Haarausfall, den Nebenwirkungen, der Baustelle im Bauch und dem kaputten Immunsystem, an dem so viele enden? Oder ist es Feigheit auf alternative Wege zu verzichten, die Angst vor der latenten Unsicherheit, wertvolle Zeit zu verlieren, ich weiß es nicht. Die Stiche sind wieder da, mehr denn je und nicht mehr nur im Bauch, sondern überall im ganzen Körper, ist es die Abwehr oder die Selbstvernichtung, die hier arbeitet, gut oder böse, ich weiß es nicht. Ich bin gewarnt, die Zeit, wie man so sagt, wird die Fragen beantworten, entscheiden muss ich mich jetzt, aber für welche Art von Mut.

Übers Wochenende darf ich nach Haus bis zur Operation, ich bitte um Bedenkzeit und komme nicht mehr zurück. Trotz ausreichender Aufklärung, was dieser Entschluss für mich bedeuten könnte. Die vier Tage haben mein Leben vollkommen verändert.

Eine neue Zeitrechnung hat für mich begonnen. Endlich wieder zu Hause, es waren nur vier Tage, kaum zu glauben, ein ganzes Leben liegt dazwischen. Die Freude über meine Heimkehr, und gleichzeitig die Trauer ist groß, Telefon und Computer laufen Tag und Nacht auf Hochtouren, wie soll es weitergehen, sind Alternativen sinnvoll und wenn ja, welche, eine Flut von Informationen schwappt über uns hinweg, heiße Tipps und gute Ratschläge, wissenschaftliche Berichte, Bücher von Überlebenden, die heute kerngesund sind. Alles bringt Hoffnung, und die Hoffnung wächst, Tag für Tag, ein onkologischer Praktiker hilft uns bei der Entscheidungsfindung, die Softvariante ist beschlossen, kein Schneiden, kein Gift in meinen Körper, der Krebs wird radikal gefangen: mit Radikalfängern, Vitaminen, Enzymen, Phytotherapie, Psychotherapie, Homöopathie, Dendritenzellimpfung, die Liste ist schier endlos und das ist erst der Anfang. Ich brauche aus dem Angebot nur auszuwählen. Alles um mich herum passiert, ich bin mehr oder minder passiv, wie gelähmt in meinem Schock, bin selbst der personifizierte Schock, ich lasse geschehen, rundum Hektik, Aktivität, die Suche nach einer Lösung und irgendwie gehöre ich gar nicht dazu, bin nicht fähig Hebel in Bewegung zu bringen, meine Löcher im Bauch schmerzen und ich brauche unendlich viel Ruhe, der Schock sitzt zu tief, jetzt in der gewohnten Umgebung erst recht. Erst jetzt und hier wird die Tragweite der Veränderung sichtbar, und ich will gar keine Veränderung, will einfach weiterleben, weiterarbeiten wie bisher. Angst und Trauer, was wird noch werden, worauf verzichten müssen, Auflehnung und unendlicher, heimlicher Zorn in stillen Stunden, was habe ich falsch gemacht in meinem Leben oder ist alles Schicksal und Verer-bung? Die Löcher im Bauch verheilen schlecht, links drückt ein langer, weicher Wulst heraus, rechts ist der Muskelstrang hart und zu kurz. Beim Husten, beim Dehnen, immer erinnert dieser verfluchte Bauch an sich, hat sich selbständig gemacht, spielt nicht mehr mit im System, gehört gar nicht mehr zu mir, tyrannisiert mich, vielleicht braucht er mehr Zuwendung.

Ein kleiner, schwarzer, dunkler, mooriger See. Weiches Wasser umspielt meinen Körper, Bauch nach oben gedreht der Sonne entgegen, ein schwereloses Dahin-Gleiten. Ein sich Treiben-Lassen. Das Wasser an der Oberfläche ist herrlich warm. Kein Mensch weit und breit, totale Stille, ringsum nur stiller Wald. Kein Vogel, kein Wind, kein Hauch, nur mein Körper im und am Wasser. Mit dem Wasser und der Sonne auf und in der Haut steige ich tropfnass und warm heraus auf eine in den Felsen gehaue, kleine Plattform und bleibe dort lange liegen bis ich trocken bin. Irgendwann ist es dann kühler geworden. Ich breche auf, der Tag neigt sich. Viele Dinge liegen rings herum, ein Röhrchen mit Blut, ein Toaster, ein ledernes Buch, ein Fotoapparat, die Dinge gehören alle mir, ich muss sie unbedingt alle mitnehmen. Aber ich bin nackt und kann sie nirgendwo hineinstecken, über eine hohe Felswand muss ich hinaufklettern und brauche meine Hände dazu, ich will die Dinge nicht da lassen. Auf keinen Fall.

Im Sommer ist meine Mutter ganz alleine mit dem roten VW-Käfer nach Spanien gefahren. Als sie zurückkommt, hat sie einen riesigen schwarzen Strohhut auf, braun gebrannt sieht sie toll aus. Wir Kinder verbringen inzwischen diesen Sommer im Kinderheim und bei einer Nachbarin am Land. Mein Vater ist im Niemandsland. Untergetaucht. Nicht geeignet für die Beaufsichtigung von Kindern. Wir, das sind jetzt meine beiden großen Schwestern, mein winzig kleiner Bruder, meine Mutter, der Hund und die Katze und ich, sind im selben Herbst nach Wien übersiedelt. Wir sind enger zusammengerückt. Der Abschied muss ihr sehr schwer gefallen sein. Ich gehe jetzt in die zweite Klasse Volksschule, die Lehrerin ist sehr nett und streng. In der Maiandacht bin ich sehr fromm, wir singen wunderschöne Lieder, nur bei der Beichte weiß ich nie, was ich sagen soll, daher sag ich immer das Gleiche, ich habe gelogen und unkeusche Gedanken gehabt, das ist etwas Ausgefalleneres, denke ich mir, da merkt man nicht, dass es nur ausgedacht ist und dann ist der Herr Pfarrer zufrieden. Der Herr Pfarrer kommt auch öfters auf Besuch zu uns, weil er meinen Bruder taufen will. Der will aber gar nicht. Er hat auch ein Auge auf meine Mutter geworfen, glaube ich, der Herr Pfarrer. Ich hab einen Freund im Haus, der hat sogar einen Fernseher. Den besuch ich jedes Mal, wenn meine Mutter zu Mittag nicht zu Hause ist, sie studiert nämlich jetzt Ethnologie, das ist die Wissenschaft von den Völkern, die keine Schrift haben. Manchmal ist aber zu Mittag die Frau Obermeier da, die auf meinen Bruder aufpasst und kocht, zu der sollen wir küss' die Hand sagen, weil dann fühlt sie sich geehrt, so was Blödsinniges, den ganzen Vormittag überlege ich, was ich sagen soll, wenn ich von der Schule nach Hause komme, lieber würde ich mir die Zunge abbeißen. Einmal steht in meinem Heft, die Schrift lässt zu wünschen übrig, und ich weiß nicht, ob das was Gutes oder was Schlechtes ist, ich denke, dass ich mir vielleicht was Tolles wünschen darf.

Meine Mutter liegt jetzt viel im Bett in der neuen Wohnung, sie hat immer ein bisschen Fieber und hustet, sie hat Tuberkulose, sagt der Arzt, es ist aber zum Glück nicht ansteckend. Dann kocht meine Schwester Pommes frites und Karamellzuckerl am Sonntag und wir spielen Gasthaus mit Speisekarte. Auch ich bin oft krank, einfach nur Fieber. Dann darf ich in ihrem Bett liegen und sie liest mir vor um mich von meinen Ticks abzulenken, der erste ist, dass ich das Gefühl habe zu ersticken, weil ich nicht tief genug einatmen kann, zu wenig Luft in den Bauch hinunterbringen kann, kein Asthma oder so, und der zweite ist, dass ich dauernd spucken muss, weil sich ständig viel zu viel grausige Spucke in meinem Mund ansammelt, die ich nicht hinunterschlucken kann und will. Ich sitze mit dem Napf im Bett, spucke vor mich hin und sie liest und liest mir vor, bis mir oder ihr endlich die Augen zufallen. Über ihrem Bett hängt eine Tafel, auf der die Namen sämtlicher Stämme Afrikas eingezeichnet sind, die studiere ich stundenlang, wenn ich alleine bin. Jeden zweiten Sonntag ungefähr kommt mein Vater auf Besuch. Er hat immer seltene Nüsse in seinem Hosensack und einen Notizblock in seiner Hemdtasche, damit er schnell aufschreiben kann, was ihm gerade durch den Kopf geht, Gedanken über Gott und die Welt, Philosophie, so schreitet er immer wieder und wieder durchs Zimmer mit seinen langen, weißen Haaren. Er achtet darauf, dass wir keine Fliege erschlagen, weil, die will auch leben, sagt er. Wir binden uns Fetzen an die Füße und polieren den Boden, bis er glänzt und bis wir müde sind und mit Meerschaumsalz verschwinden die Fettflecke im Heft über Nacht, sonst könnte ich nicht in Ruhe schlafen. Mein Bruder kratzt Löcher in die Wand und frisst den Kalk, er zieht sich am Gasofen hoch und verbrennt sich die ganze Hand. Ich gehe einkaufen um die Ecke zur Stinkert'n, wo's Sauerkraut und Gurken gibt, und zur Neidigen, wo man weniger kriegt, als man bestellt und bezahlt und am Rückweg besorge ich noch die Zigaretten, die gibt's gleich gegenüber, eine Schachtel Falk oder Hobby. Wenn bloß der blöde Hund nicht immer so schrecklich ziehen würde. Dabei glauben die Leute, dass ich den Hund ziehe, sehr witzig, und sie beschuldigen mich der Tierquälerei, dabei quält mich das Tier und nicht umgekehrt und einmal ist es sogar passiert, dass eine Oma das arme Tier auf die nächste

Wachstube mitgenommen hat, nur weil er immer so neurotisch zittert, wenn er vorm Geschäft warten muss. Eigentlich zittert er immer, sogar im Schlaf reißt es ihn, weil er so reinrassig ist. Das war vielleicht ein Schreck, wie der Hund vom Erdboden verschluckt war. Am Abend soll ich meiner Schwester den Rücken kratzen, dann erzählt sie mir ihre endlosen Liebesgeschichten, fragt mich, wer von den Verehrern mir besser gefällt, für wen sie sich entscheiden soll, weil sie sich nicht entscheiden kann, dabei kenn ich die alle gar nicht richtig, bis die Mutter hereinstürzt und schreit, dass endlich Ruhe wird. Meine Freundin wohnt zwei Häuser weiter am Friedhof, wir dürfen am Friedhof spielen und wir dürfen auf der Orgel spielen, weil ihr Vater der Pastor ist.

Es ist ruhiger geworden in und um mich, ich fühle mich gut und zufrieden, seltsam, ich fühle mich gut und wundere mich, dass ich mir die Hoffnung nicht extra einreden muss, spüre wieder Kraft in meinem Körper; ich bleibe in der Früh noch lange liegen und beobachte mich und meinen Bauch. Das neue Tagesprogramm füllt mich vollkommen aus. Vor dem Frühstück viel warmes Wasser trinken, den Körper mit Öl verwöhnen, Akupunktur und frische Luft, Bewegung und Meditation, schreiben, lesen, Musik hören, bewusst atmen und viel schlafen. Ein Rahmen ist gut zum Anhalten. Ein sehr ungewohnter Alltag für mich. Dazwischen sind einmal pro Monat dreitausend Kilometer zu bewältigen, zwei Mal Norddeutschland und retour, einmal zur Blutabnahme vorher und einmal zur Impfung, exakt eine Woche später, zur Dendritenzelltherapie, denn die ist in Österreich noch nicht erhältlich, noch nicht standardisiert. Das ist die Zukunft der Medizin. Sie ist ein Geheimtipp meines Bio-Onkologen. Der schwört darauf und hat schon etliche Patienten dorthin geschickt. In einer deutschen Kleinstadt hat sich ein

Frauenarzt selbständig gemacht und verabreicht diese Impfung privat in seiner Praxis, er hat in Harvard und Oxford studiert, sagt er, er besorgt sich die nötigen Stammzellen aus dem Ausland und findet es unverantwortlich, dass diese Therapie der Öffentlichkeit noch immer vorenthalten wird.

Im Nachtzug nach Göttingen. Hans Albers. Abfahrt 22 Uhr 10. Ankunft 5 Uhr früh. Neben mir pennt ein junger Mann, wohin ist der wohl unterwegs, was bewegt so viele Menschen unterwegs zu sein? Eine ganze Gesellschaft, die von Bewegung lebt. Ich bin des Herumfahrens schon müde, möchte wieder unabhängig von Spritzen, Therapien und Terminen sein, eine Gruppe Jugendlicher stürmt herein, ich übe auf die Menschen Zugehen und rede sie an, sie strotzen voller Lebenslust. Wir unterhalten uns lange. Unterwegssein ist immer irgendwie lustig. Der Schaffner weckt mich mit Kaffee, die Straßen sind vom Schnee verweht, es ist saukalt und noch stockfinster. Am Bahnhof stehen Tausende Fahrräder und nur einige wenige Menschen. Die Sonne geht hier viel später auf als bei uns. Ich gehe zuerst einmal frühstücken.

Um Tumorzellen für die Impfung zu gewinnen, schlägt man mir im Kreis-Krankenhaus eine Lavage vor, wieder hinein schneiden und alles ausspülen, nein danke, es geht auch so angeblich, nur aus dem Blut. Eventuell genauso erfolgreich, wahrscheinlich. Im aufklärenden Textformular steht, dass die Therapie das Tumorwachstum eventuell auch fördern kann, alles Theorie, nicht beweisbar, dient nur zur juristischen Absicherung. Mir wird trotzdem sehr heiß beim Unterschreiben. Es gibt genug Erfolgsbeispiele, ich muss dazugehören, ich genieße die Geschichte von der Pfarrersköchin, die nach einer Impfung wieder lebendig wurde und heute noch im Garten arbeitet, ich genieße die 40% Remissionsrate so genannter ausgebrannter Fälle mit Dendritenzelltherapie, der Hoffnung der Zukunft in der Krebstherapie. Es gibt Menschen, die tatsächlich nur mit Alternativmedizin wieder vollkommen gesund geworden sind, aber ich kenne sie nicht persönlich. Leider, ich würde sie gern um ihre Erfahrung befragen, denn die meisten landen erst nach der klassischen Schulmedizin bei den Alternativen und ich bekomme keine klare Antwort auf meine Frage, ob man es auch anders herum machen kann. Das macht doch mehr Sinn, wenn der Körper noch unversehrter ist. Das Risiko liegt bei mir, bei wem auch sonst. Alles spielt sich in diesem total diffusen Wahrscheinlichkeitsbereich ab. Das Ziel ist groß: Den Krebs besiegen. Gesundwerden ohne den Körper zu vergiften, zu verstümmeln.

Den Cocktail der Impfung in mir, bin ich ganz glücklich, fühle mich erfrischt, ich genieße den Anblick der weißen Felder, der schiefen, roten Dächer und den pastellblauen Himmel des Nordens über mir. In den kommenden Tagen wird es wieder ordentlich kribbeln in meinem Körper und die Stiche werden wieder ganz deutlich sein, gut, wenn sich was tut.

Der ICC schnurrt durch die Landschaft und zerteilt sie. Und ich denke vor mich hin, denke mir zu manchen Gesichtern Geschichten aus. Was ich beschlossen habe, ist umso eindeutiger: ganz gesund und uralt zu werden. Wenn früher die Rede drauf kam, habe ich kühn erklärt, ich werde sicher nicht alt, bei meinen Verwandten ist noch keiner alt geworden, und alle an Krebs gestorben. Heute kommt mir so ein Satz nicht mehr über die Lippen, so ein Gedanke nicht in den Sinn, das Alter erleben, den Alltagskampf hinter sich haben, Berge von Zeit, Lust und Frohsinn besitzen und abgeklärt von den Wirren des Lebens gemütlich in der Sonne mit den Enkelkindern auf der Hausbank sitzen, stelle ich mir herrlich und wunderschön vor, eine eigene Qualität, vielleicht war es Koketterie mit dem Tod oder ein sich Wichtigmachen, wer weiß, vielleicht Gedankenlosigkeit oder eine Ahnung. Die Vorstellung vielleicht keine Enkelkinder zu erleben tut weh, besonders wenn ich Kinder sehe, nicht um zu sehen wie und dass mein Leben weitergegeben wird, nein, ich will diese noch unbekannten Qualitäten des Lebens und mich selber mittendrin erleben. Oft hätte ich Fragen an meine Eltern gehabt, als sie beide längst tot waren, Fragen, an die ich zu ihren Lebzeiten nie gedacht hätte, weil sie damals noch nicht von Bedeutung waren. Oder einfach, weil ich mich nicht getraut hatte zu fragen, wie es ihnen in so manchen Situationen ergangen ist, um ihren Intimbereich nicht zu verletzen, aus der Nähe der Betroffenheit ist manches nicht so klar und einfach. Die Nähe der Ferne und die Ferne der Nähe, es ist eine ganz eigene Gratwanderung, die wir gehen. Heute würde ich gern mehr wissen über ihr Leben und nicht zuletzt über ihr Leben mit dem Krebs.

Das Leben ist zum Geschenk geworden, Beziehungen haben sich vertieft, oder verlaufen, die Wertigkeit von Dingen und Werten ist verschoben, vieles scheint banal, Banales ist ins Bewusstsein gerückt. Vieles ist unwichtig geworden. Es gibt wenig, was mich beunruhigt außer der Angst um meine Existenz, es gibt vieles, was mir lieb und lieber geworden ist. Ich bin egozentrischer geworden. Das, besser, mein Leben ist mir zur Aufgabe geworden, es gilt den Tag zu nützen, was auch immer das heißen soll, es gilt das tägliche Carpe diem; kann man das durchhalten, diesen ständigen Auftrag? Wie lange? Ich wäre mehr für das spielerische in den Tag Hineinleben, für das Träumen, egal was dabei herauskommt, denn hinter jedem Traum kommt ein traumhaft neuer nach. Eine Momentaufnahme. Und dann wieder eine und noch eine und irgendwann ordnen sich die Bilder zu Falten in deinem Gesicht wie ein Puzzle. Wie werde ich mit siebzig ausschauen und wie werde ich mich fühlen, wie wird sich mein Körper anfühlen, was wird mein schlohweißer Kopf denken und was werden meine Kinder über mich sagen, mir vorwerfen, von mir erzählen? Zu meinem siebzigsten Geburtstag will ich im nahen Wasserfall ein eiskaltes, köstliches Bad nehmen. Zum Beispiel.

Bis jetzt hatte ich immer Angst um die andern. Um mich selber nie, was soll mir schon passieren, außer dass mir der Himmel auf den Kopf fällt. Das Übernehmen von Verantwortung war schon immer mein Thema. Aber die Verantwortung, die ich zurzeit für mich übernommen habe, ist die größte Herausforderung, mehr als eine Schuhnummer zu groß. Ich lese alles, was am Markt zu meinen Themen zu haben ist. Man kann zu viel oder zu wenig Verantwortung tragen, falsche, fremd orientierte oder richtige, welche ist die meine? Oder man kann das Gesamtkonzept aus den Augen verloren haben, so wie Krebszellen das tun, indem sie glauben sich ständig vermehren zu müssen. Und so erfahre ich in einer so genannten Familienaufstellung, dass ich schon in Kindesbeinen die Verantwortung für die Beziehung meiner Eltern übernahm, auf mich bezog, in Jugendjahren das fehlende Verantwortungsbewusstsein meines Vaters zu ersetzen suchte und in mein Erwachsensein mitnahm. Gut denkbar. Möglicherweise. Aus einer diffusen Angst heraus. Verantwortung und Angst liegen nah beisammen, Verantwortung aus Angst bei Gefahr, aus Angst vor Verlust. Hat mir doch keiner angeschafft, ich hätte es ja nicht tun müssen. Die Ehe meiner Eltern zu retten war sowieso ein aussichtsloses Unterfangen, weit außerhalb meiner Möglichkeiten und ihrer scheinbar auch. Vielleicht hätte meine Rebellion sie zusammengeschmiedet, aber diese Nische war schon besetzt, hatte schon meine Schwester belegt. Ich war das perfekte, angepasste Kind, immer zufrieden, ein fröhliches Kind, das spielerisch alle Aufgaben meistert, für niemanden eine Belastung, sondern nur ein Quell der Freude und trotzdem passiert das Unvermeidliche. So lautet jedenfalls die Arbeitshypothese, leicht möglich, dass ich mir schon damals zuviel den Kopf zerbrochen habe, darum zerbricht er mir heute noch regelmäßig. Schon möglich, dass sich dieses Trauma in meiner Seele eingenistet hat.. Möglich und auch nicht. Kausale Erklärungen sind immer gut, wenn die Seele klemmt. Und sie klemmt.

Aber alle diese Erklärungen sind erst viel später hinzugekommen, sind Konstruktionen der Logik einer Erwachsenen. Wahrheit und Dichtung, Erinnerung und Spekulation. Ohne untertreiben zu wollen, ehrlich gesagt, kann ich mich weder rational noch emotional bewusst erinnern, dass mir als Kind etwas abgegangen wäre, auch die Trennung der Eltern war, ehrlich gestanden, damals kein Drama für mich, kein drastischer Einschnitt, so seltsam es klingt, der Vater war auch vorher nie wirklich anwesend gewesen, weder physisch noch psychisch, vielleicht, sagen die Mahner, liegt eben hier das Manko, ich kann keine Abgründe oder kalte Leere entdecken, keinen versteckten Hass oder das Gefühl der groben Verletzung oder zu kurz gekommen zu sein, die einzige Ohrfeige, die ich bekommen habe, hatte nicht mir gegolten, sondern meinem kleinen Bruder, ich bin nur zufällig zum falschen Zeitpunkt am falschen Ort, nämlich aus dem Badezimmer gekommen. Aber möglich ist alles, auch beides zugleich, denn das eine schließt das andere gar nicht aus, im Gegenteil, das eine oder nur das andere ist eventuell gar nicht möglich.

Ein Berggipfel und darunter ein dicke, satte, grüne Wiese, eine Lichtung im Wald, ich sitze am Gipfel und sehe mich von oben auf der Wiese liegen, Arme und Beine weit von mir gestreckt, der Bauch ist weit geöffnet, die Sonne scheint warm hinein, meine blitzblauen Augen sind geschlossen. Die Dendritenzellen mit ihren vielen, langen Armen schießen wie auf einer Hochschaubahn in meinem Bauch hin und her, sie spielen Tumorzellenfangen und immer wenn sie eine erwischt haben, nimmt diese ihre Beine unter die Arme, unter Verbeugungen geht sie rückwärts und haksel dann schnell davon, aus dem Bauch heraus in den Wald, kichert leise, als hätte man sie in flagranti erwischt. Die Dendritenzellen haben großen Spaß dabei, putzen alle Hautfalten blitzblank und so lange, bis sich nichts Verstecktes mehr rührt.

Kiesel, viele runde, glatte, bunte Kieselsteine liegen in meinem Bauch und ich liege, die Augen geschlossen, auf einem bunten Kieselstrand. Über mir rasen Wolken, die Kiesel in der Brandung poltern in regelmäßigen Abständen laut auf und ab und sie schleifen sich glatter und runder mit jedem Mal, sie glänzen in der Abendsonne, wenn sie beim Abklingen der Flut am Strand zurückbleiben. Die Kiesel in meinem Bauch werden herumgespült wie in der Brandung, sie schleifen alles glatt, das sie berühren und folgen meinem Atemrhythmus, mein Bauch glänzt von innen wie die Abendsonne.

Acht Wochen sind vergangen. Wochen seit dem Tag X. Ich bin bei meinem Onkologen in Behandlung, der sich seit mehr als zwanzig Jahren ausschließlich mit Krebspatienten beschäftigt, er hat mir von einer Operation abgeraten, aus Erfahrung, und auf eine Soft- Chemo, die man auch zu Hause machen kann, könnte man immer noch zurückgreifen, meint er, doch der Tumormarker CA 12,5 ist wieder gestiegen, beständig und konstant klettert er weiter in die Höhe, so als wäre keine Therapie geschehen. Kein lineares Denken sei hier gefragt, die Kurve steigt exponential an, erklärt man mir von Fachseite, der Tumormarker kann herumspringen, sich vervielfachen und muss dabei nicht unbedingt etwas aussagen. Möglicherweise drückt er nur aus, wie groß die Armee ist, die gegen die Krebszellen ausgerückt ist. Aber wird die Armee nicht umso größer, je größer der Tumor wird? Warum ist er überhaupt weiter angestiegen, wo er doch schon am Sinken war? Er sollte die Zahl fünfunddreißig nicht überschreiten und ist gut auf das Zehnfache angewachsen! Wie hoch kann so ein Marker steigen, solange man noch am Leben ist? Man kennt Fälle, da findet man bei einem Marker in der Höhe von ein paar Tausend keinen Tumor und das Wohlbefinden ist bestens, und umgekehrt soll schon bei niedrigem Marker ein riesengroßer Tumor gefunden worden sein. Und auf der Pathologie findet man bei jedem zweiten Patienten Tumore, die nicht zur Todesursache wurden. Somit ist das Entstehen von Krebszellen im Körper eine alltägliche Sache, aber warum denn hat mein Immunsystem den kritischen Zeitpunkt verschlafen? Die Frage, ob der Tumormarker die Tumorzellen selbst oder die so genannten Antikörper oder die Antigene misst, lässt sich für mich nicht einmal aus wissenschaftlichen Berichten eindeutig herauslesen, von den Experten nicht wirklich beantworten, möglicherweise ist alles richtig. Ich werde einfach nicht schlau bei meinen Recherchen. Wie müsste man denn dann einen positiven Verlauf meiner Therapie ablesen, erkennen können? Die Ansichten gehen auseinander. Man ermuntert mich nur einfach so weiterzumachen wie bisher, kein Grund zur Beunruhigung. Mein CA jedenfalls steigt in die Hunderte und das konstant, was mich bei aller Hinterfragung nicht sehr beruhigt, sondern in Abgründe stürzt. Ich stürze mich in eiskalte Wasser um meine Immunzellen auf Vordermann zu bringen, ernähre mich weißmehl- und zuckerfrei und vieles mehr, lasse mir Wurzel behandelte Zähne reißen und verfluche mich nachher, es raubt mir vollkommen die letzte Würde zahnlos zu grinsen, mache chinesische Atemübungen und kontaktiere Menschen, die Erfahrung mit Heilung über Energie und Geist haben und vieles mehr, ich befolge tausend gute Ratschläge, so manches wiederholt sich schon, ich werde zum Experten. Gesünder geht's gar nicht, und unter dem Druck der Angst vor Krankheit, Siechtum und Tod gibt's auf dem großen Markt nichts, was mir zu teuer und nicht wert wäre auszuprobieren. Lieber im Schuldturm und gesund, als tot und ohne Schulden.

Manchmal bin ich traurig, depressiv. Da bin ich traurig, weil ich krank bin und so gern gesund, unbegrenzt wäre. Dann bin ich traurig, dass ich traurig bin und kann mir gar nicht helfen.

Obwohl ich prinzipiell dazu nicht neige. Nicht der Sinn des Lebens ist es, der mich zweifeln, nicht die ewige Suche, die mich grübeln lässt. Ein kranker Mensch in unbegrenztem Krankenstand bin ich, hundert Prozent invalid und offiziell mit einer schlimmen Diagnose behaftet, einer der schlimmsten überhaupt. Man schlägt mir vor in Frühpension zu gehen, ich bin erst siebenundvierzig. Das Groteske daran ist, dass ich mich rein körperlich subjektiv relativ gut fühle. Doch mein Körper hat mich im Stich gelassen, das steht schwarz auf weiß geschrieben, der Rest von mir hängt irgendwo im luftleeren Raum. Ein Mensch zweiter Klasse bin ich, der nicht mehr arbeitet, weil er auf unbestimmte Zeit krank geschrieben ist und nicht weiß, wie es in Zukunft weiter gehen wird. Das ist neu und gewöhnungsbedürftig. Alles ist anders als je zuvor und ich bin unsicher, wie ich damit umgehen soll. Es könnte schließlich sein, dass ich längst gesund bin und es gar nicht weiß, es könnte sein, dass ich voller Metastasen bin und es nicht weiß. Ich weiß gar nichts, dann bin ich ängstlich. Dann bin ich wütend, dass alles so gekommen ist.

Seit Jahren schon fasziniert mich die Traditionelle Chinesische Medizin. Daher bin ich gleich Feuer und Flamme, als sich Gelegenheit ergibt sie an mir zu erfahren, eine medizinische Fortbildung nimmt mich als Fallbeispiel. Pulsdiagnose, Zungenbefund, Status quo, es knistert im Saal vor Interesse, die Atmosphäre umfängt mich, das ist meine Passion. Und der Vortragende besticht durch Wissen und Empathie, in der Pause erzählt er mir, wie er sich selbst vom Nierenkrebs mit chinesischen Kräutern befreit hat und das ist dreißig Jahre her!
Stärkung von Seele und Geist ist angesagt. Unzählige Freunde und Verwandte, Bekannte, die mir vorher oft gar nicht so nahe waren, bestärken mich, denken täglich an mich, muntern mich auf. Sie bieten ihre Hilfsdienste an und bringen Fetische mit oder

Brot, Kuchen und Blumen, sie schreiben mir, rufen mich an und besuchen mich, manche weinen, auch weil sie erinnert werden, und ich lerne die Tragweite kennen, lerne kennen, wie sich die menschlichen Körper verschieden anfühlen in der Umarmung, Zuneigung tut gut und baut auf, stärkt mein Vertrauen und meine Hoffnung. Noch nie in meinem Leben habe ich soviel Beachtung bekommen, jetzt bin ich dran! Obwohl ich das nicht wollte, sonst lieber im Hintergrund stehe. Ehrlich gesagt. Aus aller Welt kommen Anrufe, alle schicken mir ihre guten Gedanken und wollen mich unterstützen, ich bin richtig wichtig geworden, ein neues Gefühl. Ich meinerseits stärke meinen Geist und meine Seele durch tägliche Übung im so genannten Visualisieren, in Affirmationen und in der Übung zu vertrauen und meine Sorgen den anderen und dem lieben Gott zu überlassen. Es ist an der Zeit sich wieder dem Leben zuzuwenden und sich nicht ständig nur mit Krankheit zu beschäftigen. Das ist auch der Zeitpunkt, wo ich mich wieder unter die Menschen und an die Arbeit begebe, zwei Monate Ruhestand sind genug. In der Hoffnung, dass alles fließt und mit der Einsicht, dass ich sowieso keine Kontrolle über mein Leben habe.

Es ist dunkel. Rundum ist es warm und weich und duftet angenehm. Dumpfe, warme, mollige Luft strömt in mich hinein, von unten und von oben und verteilt sich im ganzen Körper, es kitzelt fast, ich spüre, wie es mich durchströmt, flutet, durch mich durch, ich habe auf Empfang gestellt, es geht mir gut und ich bin dankbar, kraftvoll und zufrieden, eine breite warme Dusche von oben, kein Wasser, ich versuche nicht zu denken, dicke Tränen rollen über meine Wangen, ich sehe mich runzlig und alt, braungebrannt, fröhlich und kerngesund, mit blitzblauen Augen, tiefe kräftige Falten beschreiben mein Gesicht, meine Geschichte, wie alt bin ich eigentlich, ich schaue in die Stille,

Farben fliegen auf mich zu, frische, klare Luft, es macht mich leicht, und ich sitze fest am Boden, spüre meine Sexualität wieder, Achterschlingen ziehen durch den Bauch und plötzlich muss ich lachen, wozu die Angst!

Ich bin selber schuld, dass es soweit gekommen ist! Ja. Ich bin selber schuld, dass es soweit gekommen ist? War ich nicht im Einklang, innen und außen, nicht ganz, nicht ganz kongruent mit mir? Die physische und psychische Ebene meilenweit voneinander entfernt, ohne Verbindung von Kopf und Bauch, mit kalten Füßen, ohne Verbindung zum Boden, wo sind die Menschen, die Dinge, mit denen ich mich noch aussöhnen muss, wen hab ich noch nicht entlassen, entlastet, vielleicht mich? War ich nicht liebevoll genug zu mir, immer öfter, zu kontrolliert und nicht im Fluss, habe meinen eigenen Weg, meine Kreativität, noch nicht gelebt, nicht Ja gesagt zum Leben, zu meinem Leben, immer zu sehr auf die andern konzentriert. Soll das eine Selbstanklage werden? Was aber hat sich inzwischen verändert, was ist erledigt, was dazu gewonnen, verloren, aufgegeben, Blockaden gelöst, die Schocks? Zweifel. Die neuen Ziele. Ich muss wollen nur für mich, ich muss mich abgrenzen, was andere für mich wollen, gut meinen, o Gott. Könnte es sein, dass ich ein Familienthema auszutragen habe, aufzuarbeiten, was ich mir gar nicht selbst ausgesucht habe, die Ketten zu durchbrechen, die Strickmuster zu entdecken, die in Krebsfamilien gehäuft, auffällig sind? Falls es welche gibt ... Für mich, meine Geschwister, meine Kinder, die Zukunft. Für die Freude.

Versuch über das Schreiben ohne Denken. es geht mir die feder überall siehst ich er du warum gerade jetzt wo doch alles bisher alleine oder schon besser doch alles gut. für dich ist für wen gerade ebenso zum Beispiel horps tel genu für dich volle Kraft nichts gehabt voraus oder so ähnlich vielleicht anders für alle

bisher oder so oder so oderso dennoch obwohl friede tut uns
alles meines freude und freunde ursache heut morgen gestern für
mich nur alles überhapt zurh akhgegtrz abfe frei laufen lass no
hnemi chverlierenfre udeallemüssenmöc hat enich twolle nkö n
nn alleaber fe rnbisschenn iemandoder ganzohne hin sc h o nd
ab leibenvonvor nrw iederneuoh neoderoh neodersu ch e fre un
sic hicha knnkannnkannkann kann n kann b ei bei b eiinin in mir
mirm irsondersso nderbars orgendsatt.

Irgendwo in Südamerika auf der Straße, Großstadtgetümmel, ein
bunter, lauter, dreckiger Haufen. Geschrei, keiner hört keinen.
Neben der Straße ist ein riesiger Berg von Pflastersteinen
aufgetürmt, davor steht ein riesengroßer Mann. Ich warte auf
den Bus. Und neben mir eine Gruppe Jugendlicher. Der große
Mann beginnt die Jugendlichen mit den Steinen zu bewerfen, ich
stehe dazwischen, sie werfen zurück, ich bin froh, dass sie sich
wehren, vielleicht sind auch meine Kinder dabei, ja ich sehe sie,
es passiert zum Glück nichts, dann reißt er mir meine Tasche
weg und rennt davon. Bevor ich überlege, ob ich ihm nachlaufen
soll, sind alle weg, der große Platz ist menschenleer und ich bin
nirgendwo, ohne Papiere, ohne Pass, ohne Geld, und warte auf
den Bus, der nie kommt. Ich beschließe zu Fuß zu gehen.
Stunden und Tage. Gassen und Straßen, die steil bergauf und
bergab führen, werden von Polizisten kontrolliert, die mich
freundlich lächelnd grüßen, ich gehe ohne zu wissen wohin,
suche ein Amt um meine Identität wiederherzustellen, bin fremd
unter Fremden, die irgendeine Zeremonie abhalten, die ich nicht
einordnen kann. Hektische Unruhe und Bewegung herrscht jetzt
vor und in den Häusern, damit ich nicht als Fremdkörper
auffalle oder störe, setze ich mich zu einer Gruppe dazu und
mache die Leiergesänge halbherzig mit, bis ich verwirrt meinen
Weg fortsetze und aus Neugier trete ich in ein altes Haus ein,
offensichtlich falle ich auch hier gar nicht auf, es ist, als wäre ich

nicht existent für die Leute hier, sie machen irische Musik auf einem sonderbaren Instrument mit nur drei Saiten, von französischen Zigeunern, wie sie sagen. Sieht aber aus wie der Vorderteil eines großen Scheibenwischers. Große Müdigkeit befällt mich schlagartig. Ich schlafe lange.

Als ich aufwache, und das ist jetzt kein Traum, sitzt eine kräftige, kohlschwarze Krähe, die mit dem schwarzen Schnabel, vor meinem Fenster. Richtiger wäre, ich bin durch sie aufgewacht, weil sie so laut war, bin ziemlich erschrocken, weil ich nicht wüsste, was ich täte, wenn sie ins Zimmer herein flöge, nie im Leben würde ich es wagen sie mit den bloßen Händen anzugreifen und von selber würde sie wohl kaum wieder hinausfinden. Und das Fenster war offen, wie immer in der Nacht, Fledermäuse haben sich ja schon öfter herein verirrt, aber eine so große Krähe noch nie. Sie ist wunderschön und unheimlich zugleich. Vielleicht wäre ich auch gar nicht aufgewacht, aber sie hat mehrmals und so laut gekreischt, als wollte sie unbedingt persönlichen Kontakt mit mir aufnehmen. Sie hat mich direkt angesehen, mit ihren aufgeregt wachen, schwarz glänzenden Augen hat sie in die meinen geblickt und ich in die ihren. Ich weiß nicht wie lange sie so dagesessen hat, aber es erschien mir unendlich lange. Zum Glück ist sie nicht ins Zimmer herein geflogen. Aus diesem Grund hab ich das nächste Mal das Fenster nur mehr gekippt, und sie ist trotzdem am nächsten Morgen wieder gekommen und, obwohl sie sich kaum festhalten konnte, weil nur ein schmales Sims da war, hat sie wieder ans Fenster gepickt, hat wieder gekreischt und ist länger in dieser Stellung verharrt.

Diese Geschichte, die sich noch unzählige Male wiederholt hat, obwohl nur ein banales, kleines Vorkommnis, hat mich noch lange unverhältnismäßig sehr bewegt. Es war ja nur ein kleines

Fenster und ich habe noch nie eine Krähe gefüttert, auch diese nicht. Seither sind mir diese Vögel besonders faszinierend und unheimlich zugleich.

Als Mora an diesem Morgen erwachte, war alles anders. Sie fühlte es sogleich. Nichts würde mehr so sein wie früher, dachte sie, und wusste nicht, warum sie so dachte. Warum auch nicht und das war gut so. Die Augen hielt sie noch geschlossen, sie war an diesem Morgen ganz alleine zu Hause, sie musste nicht zur Arbeit an diesem Tag. Von draußen drangen helle Stimmen herein, die dann in der Ferne verschwanden. Sie liebte die Stille und noch einmal verfiel sie in den morgendlichen Tiefschlaf. Als sie dann endgültig erwachte, war die Sonne in ihr Zimmer getreten, der Gedanke an den Kaffee trieb sie endlich aus dem Bett, noch nicht mächtig ihrer Sinne verweilte sie eine geraume Weile, wie üblich, wenn sie nicht schon unterwegs sein musste, wie in Trance über dem Dampf der Kaffeetasse. Immer um diese Tageszeit war ihr, als müsste sie wie bei einem Puzzlespiel ihre Person täglich aufs Neue zusammensetzen, Struktur für die Welt, in die sie hinausging, schaffen. Könnte es sein, dachte sie vor sich hin dämmernd, dass ich heute gar nicht erwacht bin, dass ich mir alles bis jetzt nur eingebildet habe, mein ganzes Leben lang, ein seltsames, zärtlich weiches Gefühl umfing sie. Vielleicht habe ich noch gar nicht gelebt oder habe ich das Leben eines anderen gelebt ohne mir dessen bewusst zu sein; wie denn auch sollte sie sich dessen bewusst gewesen sein, wenn sie noch gar nicht gelebt hätte. Vielleicht fing ihr Leben gerade erst an und wann hätte dann das andere Leben aufgehört, warum hatte sie dann den Übergang nicht eher bemerkt, solche Gedankenspiele machten ihr an diesem Morgen nicht Angst, wie man meinen sollte, es erfüllte sie mit grenzenloser Heiterkeit damit ernsthaft zu spielen, ein Widerspruch? Nein, ganz und gar nicht, es erfüllte sie mit dem Gefühl der Unbegrenztheit einer Leichtigkeit, die nicht an ihre Existenz gebunden war, der die Möglichkeit inne wohnte gleichzeitig zu existieren oder gar nicht, meinte sie, was auch immer sie darunter verstand. Denn der Begriff Existenz, im Sinne von Leben ließ sich bei näherer Betrachtung gar nicht definieren, von dieser kleinen Kugel aus, auf der wir meinen, den Anfang und das Ende zu erraten. Und weil sie sich in dieser Sache nicht so recht sicher war, beschloss sie, später, wenn es wärmer werden würde, ihre Freunde, die im Garten wohnten, zu befragen, wie sie darüber dächten. Mit den Augen tastete sie die Wände ihrer Küche ab, sie schienen heute irgendwie höher und weicher, fast in sich beweglich, sie tastete im Geist und mit Händen ihren Körper ab, die Silhouette erschien ihr fremd, weiter weg als in ihr. Auch ihre Füße hatten heute einen ungewohnten Klang, beim Auftreten, so meinte sie einen anderen Ton zu erkennen, sei der Rhythmus sanfter, doch als sie im Bad ihr Spiegelbild betrachtete, erkannte sie sich eindeutig wieder wider Erwarten als die zu erwartende Person. Jetzt war ihr doch auch leichter, obschon die andere heitere Leichtigkeit noch vorhanden war. Ich muss acht geben, dass ich mich nicht auflöse zwischen den Tropfen, kicherte sie halblaut vor sich hin, als sie unter der Dusche stand, und musste dabei hell auflachen, als sie sich vorstellte, wie ihre einzelnen Teile beim Ausguss hinausstrebten, um sich anderswo zu unbekannter Form wieder neu zu finden, zu vereinen, sie wäre dann einfach davongeschwommen, verschwunden ohne Spuren zu hinterlassen für die Zukunft, so etwas soll ja schon vorgekommen sein, eines der vielen Rätsel auf dieser Welt. Und eventuell gehörte alles, was man tut auf dieser Welt und man selbst, schon der Vergangenheit an, während man lebt, so wie uns die Sterne aus der Vergangenheit in der Gegenwart anblicken oder umgekehrt. Eine völlig absurde Verknüpfung mehrerer gleichzeitiger Realitäten im All. Und doch auch ein heilsamer Gedanke.

Dachte sie. Beim Ankleiden läutete das Telefon, gut zehnmal, und erinnerte sie an die Welt, die sich auch ohne sie weiterdrehte, dann verhallte der Ton, sie wollte alleine sein, rücksichtslos, es war ihr Tag.

Barfuß trat sie in den Garten, das weiche, noch kalte Gras belebte die Sohlen und somit ihre Wachsamkeit für die Natur, dass sie mit beiden Beinen am Boden stand, bemerkte sie jetzt erst und dass man trotz Leichtigkeit auch den Boden unter den Füßen nicht verlieren musste, war ein neues, gutes Gefühl, bis jetzt hatte sie oft das Problem gehabt zu leicht abzuheben, sprich, zu wenig fest im Leben verankert zu sein, nicht das Loslassen war ihr Problem, die zum Leben nötige Schwerkraft aufzubringen war schwieriger gewesen für sie mitunter, das Einordnen der Bedeutsamkeiten fiel dann manchmal stärker aus, als notwendig gewesen wäre, eben nur aus dieser Unsicherheit heraus nichts Unrechtes zu tun. So als ob ihr Ego von Anfang an nicht ganz richtig zentriert worden wäre und damit war sie mehr schräg in ihr Ego hineingezwängt, musste es fester halten, als andere, aus der Angst heraus es könnte ihr durch die Fliehkraft in einem unbedachten Moment entgleiten. Und dadurch hatte sie ihre ureigenen Interessen manchmal zu sehr hintangestellt.

Wie lange sie in dieser Klarheit verharrte, weiß ich nicht, als plötzlich das Chaos ausbrach rund um sie, so wie sie noch dastand in Gedanken verhaftet, geriet ihre Umwelt aus den Fugen, brach auseinander, die Wiese unter ihren Füßen verwandelte sich langsam in Sand, feine, schwarze, heiße Körnchen umspielten ihre Zehen, zuerst wollte sie ins Haus zurück, fliehen, das Mittagessen zubereiten, ein bisschen lesen, fernsehen, oder weiterarbeiten vielleicht an ihrem Text, doch es siegte die Neugier und die Unfähigkeit sich von der Stelle zu bewegen. Die Wiese hatte sich bereits in eine kleine Wüste verwandelt, nur rund um das kleine Biotop war ein Flecken Grün übrig geblieben und ringsherum schossen seltsame, schierlingsartige Gewächse in die Höhe, mit vogel- und affenartigen Wesen darauf, die sie seltsam anblickten. Seltsam, dachte sie, ob die irgendetwas von mir wollen? Diese Wesen mampften karottenartige Früchte und schienen voneinander und ihrer Umwelt wenig Notiz zu nehmen. Da fiel ihr wieder ein, warum sie in den Garten getreten war, ihre Freunde wollte sie besuchen und ihre Frage wollte sie stellen, von der sie im Augenblick erstens nicht mehr wusste, was genau sie fragen wollte und ob es ihre Frage gewesen war. So trat sie ans Biotop, wo das Neunauge unter Wasser wohnte, das sie bereits am Ufer erwartete. Es war ein elegantes Geschöpf von etwa einem halben Meter Länge, mit bunten, rosaweißen Sprenkeln über dem dunkelbraunen Körper verteilt, und an den Flanken oberhalb der Borsten saßen jeweils neun Augen in der Reihe, also achtzehn insgesamt an der Zahl; es hauste hier seit Jahren schon alleine, was heißen soll, dass kein Wesen seiner Art mit ihm den Teich teilte und es war das größte und schönste Tier hier, und es hatte sich auf Schauen spezialisiert im Laufe seiner Evolution, darum ja hatte es so viele Augen bekommen. So konnte es viel mehr sehen als all die Menschen mit ihren bloß zwei Augen. Allerdings nur bis zum Rand des Teiches. Leider. Denn was nützen einem noch so viele Augen, wenn der Horizont begrenzt ist. Und das war ihm auch bewusst. Guten Morgen, sagte Mora freundlich, wie geht's? Denn sie wusste, dass man wichtige Fragen nicht gleich an den Beginn eines Gesprächs setzen durfte. Danke, danke, ich schaue, sagte das Tier, und schwieg lange und bedeutungsvoll. Bin ich, wie weiß ich? Oder, fragte sie stotternd nach einer Weile. Wir werden ja sehen, sagte das Tier großzügig und schaute soviel es konnte. Vielleicht hatte es auch noch etwas anderes gesagt, die Worte unter Wasser waren sehr schlecht zu verstehen, sie schwammen davon. Sie verfielen beide lange Zeit ins Denken. Nebenan versuchte ein Seepferdmännchen verzweifelt seine Brut in der

Bauchtasche zusammen zu halten, kaum hatte es die einen hineingestopft, entwischten ihm andere, die Kleinen waren nicht leicht zu bändigen, er war wohl auch nicht der richtige Ansprechpartner für sie, hatte wohl gar keine Zeit zum Denken. Ob ihm das das Leben leichter machte? Sie wusste es nicht. Und es war ein Glück, dass das Neunauge sich nichts aus Seepferdchenfleisch machte, sonst würden sie längst nicht mehr zusammen wohnen. Da kam der Frosch gelaufen, man hörte ihn schon von Weitem, weil er laut und ohne Unterlass quakte, er setzt sich am Ufer auf einen Stein und warf sich elegant in Pose, fuchtelte weit mit den Armen in der Gegend herum um seinen Sätzen noch mehr Eindruck zu verleihen, nahm sich das Maul voll und sprach ohne Ende von der großen Wahrheit. Sie freute sich, weil sie dachte, dass sie sogleich ihre Antwort bekommen würde, ohne noch gefragt zu haben, doch nach einiger vergeblicher Zeit gelang es ihr, ihn kurz zu unterbrechen und sie fragte freundlich: du kannst mir sicher sagen, ob ich. Er jedoch hörte nicht mehr das Ende ihrer Frage, sondern begann gleich von der höheren Weisheit zu erzählen. Er war wirklich rührend in seinem Engagement für sie, er wollte ihr tatsächlich weiterhelfen im Leben und meinte es so gut für sie. Wahrscheinlich hatte er aber gar nicht bemerkt, als sie, es müssen wohl Stunden des Zuhörens gewesen sein, später doch aufgebrochen war. Sie irrte ziellos in ihrem Garten, der gar nicht mehr so aussah wie der ihre, umher und beobachtete lange die verschiedensten Kreaturen, die da lebten, wie sie sich alle abmühten für irgendeinen höheren Zweck, da waren die, die Sandtürme aufbauten, obwohl sie immer wieder zusammenfielen hinter ihrem Rücken, und andere liefen ständig im Kreis rund um dieselbigen Türme herum. Sie überlegte, ob sie wieder ihre Frage fragen sollte, aber alle waren sehr beschäftigt, auch oben auf den halb umgefallenen Türmen saßen welche, die bewegungslos mit geschlossenen Augen ihre Arbeit verrichteten, sie wusste nicht genau, welche Art von

Arbeit, sie ahnte es bloß, das waren die Allereifrigsten, die hatten schon gar keine Zeit für sie, sie bemerkten ihre Anwesenheit gar nicht einmal. Lustige Gestalten waren hier vertreten auf dieser merkwürdigen, wüstigen Arche, große, wurmförmige Leiber mit einem rüsselförmigen Auge an einem Ende, die den Kopf in den Sand steckten und mit dem Schwanz wackelten, wobei die anderen nur den Kopf herausstreckten und herum rüsselten, als würden sie ständig etwas suchen. Zehnbeiner, die tolle Kunststücke vor einem Publikum aufführten, das gar nicht anwesend war, daher applaudierten sie sich zeitweise selber zu, dazu hatten sie ja schließlich ihre vielen, langen Beine bekommen, Langarme, die Netze spannen, in denen sich manchmal einer verfing und mitunter sie sich selbst, Rundmäuler, die ständig Luft in sich hineinfraßen, bis sie schwindlig wurden und hechelnd am Boden lagen, es war allerdings inzwischen auch sehr heiß geworden, es gab Schuppentiere, die damit beschäftigt waren endlos ihre Schuppen zu zählen, immer wieder von vorne anfingen, weil sie nie an ein Ende kamen oder kommen wollten und weil neue Schuppen während des Zählens nachgewachsen waren, was zugegebenermaßen irritierte. Ein Stacheltier schoss seine Pfeile ab, sooft es konnte ohne nackt vor den anderen dazustehen, es machte seine Umgebung rasend damit, da waren Käfer mit ordentlich riesigen Ohren, die sie flach auf den Boden auflegten um den Atem der Erde oder sonst was zu hören und Fliegen mit übergroßen Flügelnasen, die nervös und wirr herumschwirrten, weil sie andauernd von neuen Gerüchen animiert, hin und her gelockt wurden, ohne je wo anzukommen, ohne je tatsächlich in irgendeinen Genuss zu kommen, aber so hatten sie es ja gewollt. In einer abgelegenen Ecke gab es durchsichtige Enten, die krampfhaft versuchten sie und andere wegzuscheuchen, irgendetwas schienen sie zu hüten, am ehesten ein Geheimnis, sie gerieten fast in Panik, als sie sich näherte und vollführten Ablenkungstänze und plötzlich war sie eingekreist von bunten

Hühnern, die in ihren Federn jede Farbe dieser Erde vertreten hatten. Sie gackerten laut kreischend durcheinander und wollten sie nicht mehr auslassen, sie sprangen sie richtig an, was ihr besonders zuwider war, direkt ärgerlich wurde sie, bis endlich der Hahn erschien und allein durch sein Erscheinen dem Spiel ein Ende bereitete, da konnte sie kopfschüttelnd endlich die Flucht ergreifen. Manches, was sie zu sehen bekommen hatte, kam ihr irgendwie bekannt, ja verwandt vor, weil es sie auch an sie selber erinnerte. Ab und zu fielen abgeknabberte Karottenreste von den Bäumen und Wölkchen vom Himmel, sie platschten leise auf dem Boden auf und verdampften in Sekundenschnelle.

Erst als es dämmerte, bemerkte sie, dass ihr kalt geworden war. Sie wollte jetzt zurück in ihr Haus und suchte die Eingangstür. Ein weiter Weg lag noch vor ihr und Dunkelheit umfing das Land, als sie endlich die Stufen ihrer Haustüre erreichte, die Nacht war sehr schnell hereingebrochen, es war ganz still geworden und die vermeintlichen Tiere auf den vermeintlichen Baumgewächsen schienen jetzt statt Vögeln und Affen eher großen Augen, Ohren, Mündern und Nasen zu gleichen, auch Händen und Füßen, genau konnte sie es in der Dunkelheit nicht erkennen, sie waren zu weit oben. Sie wollte gerade ins Haus treten, als sie mehr oder minder zufällig auf der obersten Stufe eine kleine Ameise sitzen sah; normalerweise hätte sie eine so kleine Ameise nicht weiter beachtet, aber diese da saß aufrecht, dicke Tränen rollten ihr über Wange und Bauch, den sie vor lauter Lachen mit beiden Händen fest umklammert hielt. Na, da hast du dir ja was Feines ausgedacht heute!, kam es ihr unvermittelt über die Lippen, und sie meinte damit die kleine Ameise. Sie hob sie auf und nahm sie mit ins Haus, denn sie sollte in Hinkunft immer bei ihr wohnen. Dabei dachte sie, merkwürdig ist es schon, ausgerechnet so eine Ameise zu treffen, wo doch Ameisen absolut immer und überall auf der Welt nur geschäftig herumrennen und diese da sitzt nur herum und auf meiner Stiege und lacht. Sie schloss für diesen Tag die Türe hinter sich zu und als sie zurückblickte, erkannte sie zu ihrem Erstaunen, dass das Gras nachgewachsen war. Ihr Garten wieder ihr Garten geworden war. Sie hoffte nur, dass niemand aus Versehen auf den kleinen, neuen Kameraden treten würde, weil ja niemand wusste, dass dieser von nun an hier wohnte, und tatsächlich hatte niemand es je erfahren, obwohl, eigentlich war er es, der schuld, wie man so sagt, der dafür verantwortlich, dem es hoch anzurechnen war, dass seit diesem Tag alles anders geworden war. An diesem Abend schrieb sie noch lange an ihrem Text weiter. Die Ameise leistete ihr fröhliche Gesellschaft dabei. Und am nächsten Morgen trieb sie früher als sonst der Gedanke an den heißen Kaffee aus dem warmen Bett und zur Arbeit.

ZWEI

Zehn Wochen sind insgesamt vergangen, der Alltag hat mich wieder, ich bin froh wieder arbeiten zu dürfen und unter den Menschen zu sein. Gelassen blicke ich zurück auf das, was geschehen ist, was die Krankheit verändert hat, was ich beschlossen habe und vieles mehr. Ich versuche mich auf eine straffere Strategie festzulegen, was tut mir gut und was will ich, denn es ist unmöglich, alles, was einem gut tun könnte, in einem normalen Tag unterzubringen und auf Dauer durchzuhalten. Es gibt hundert Leute und hundert verschiedene Antworten auf meine Frage, welche aber ist meine Antwort, von überall ein bisschen für Körper und Seele? Muss ich denn alles, muss ich überhaupt noch irgendetwas? Welch ein Korsett! Mein Informationsbedarf ist gedeckt, mehr als ausreichend, ich will nur mehr wollen, worauf ich Lust habe, nicht mehr herumrasen, dem goldenen Kalb nachjagen. Das Wunder möge geschehen. Ich muss gar nichts! Nur leben, weil ich will.

Es gibt die Wunder, die ganz im Stillen passieren, die geschehen, weil jemand hundertprozentig wünscht, oder glaubt. Sonst nichts. Angeblich. Man spricht zumeist nicht viel darüber. Ich will wünschen, glauben, was ich kann. Beneidenswert die, die genau wissen, was genau in ihrem Fall gut tut, eine einzige Entscheidung treffen und diese durchziehen, ein Mittel herausgreifen und damit ans Ziel kommen, egal auf welcher Ebene. Und jeder Fall ist vollkommen anders und jeder schwört auf seinen Weg. Da sind die, die sich einen geheimen Lebenswunsch endlich erfüllen und gesunden; es gibt Fachliteratur dazu und jede Menge lebender Beweise, die, die trotz fortgeschrittenen Stadiums mit chinesischen Kräutern allein ihr Auslangen finden, die, die immerzu im Kreis herum gehen nach einem speziellen Rhythmus und dazu bewusst atmen, xi xi ho machen, immer nur das eine, ohne Denken; und die, die einen alten seelischen Schock auflösen und aus, das war's auch schon; oder die, die sich einfach nur von der Wasserader, den schlechten Erdstrahlen weglegen, die, die nur malen; dann gibt es die, die von der Ferne geheilt werden ohne es je zu wissen, und die, die nur den einen speziellen Saft, ein spezielles Wasser trinken, eine Reinigung des Darms, eine Fastenkur machen oder die kranke Stelle mit Kräutern einreiben, und nicht zuletzt sogar die, die gar nichts tun, obwohl sie wissen, die einfach nur nach Hause gehen und weiterleben und gesund werden, keiner weiß warum, weil der Krebs einfach kehrt gemacht hat, wieder retour gegangen ist; die alle gibt es tatsächlich, einige wenige habe ich schon kennen lernen dürfen, manche sind gesund und steinalt geworden. Es sind nur wenige, vielleicht, man muss sie suchen, man weiß nur wenig von ihnen, sie sind statistisch nicht erfasst. Ich beneide die, die genau wissen, was sie tun und tun, was sie nicht wissen. Hauptsache es wirkt. Man muss nicht alles verstehen, schon gar nicht, wenn es nichts zu verstehen gibt. Auszeit. Ich habe Lust auf Urlaub, Urlaub von der Therapie. Ich gehe wieder Schi fahren. Ein schwereloser Tanz.

Du siehst deiner Mutter immer ähnlicher, sagen manche, die sie gut gekannt haben.
Am ersten Ferientag fahren wir jetzt immer ins Salzkammergut, wir haben dort ein Haus am Land mit einer Scheune und einem großen Dachboden, unter hohen Bäumen direkt an einem Bach gelegen mit einer riesengroßen Wiese. Mein Freund H. ist ein bisschen älter als ich, er liebt mich heiß und ich ihn. Sein Vater ist Lehrer und hat ihm ein Tretauto aus Holz gebaut, mit dem ich oft fahren darf. Im Winter können wir dort gut rodeln und

Schi fahren. Mit dem Älterwerden spiele ich lieber mit meiner Freundin L. vom Nachbarn, wir verbringen Tage mit unsrer Phantasie auf dem dunklen Dachboden, auch wenn draußen die herrlichste Sonne scheint, obwohl dort die Fledermäuse kopfüber hängen, aber die fliegen nur nachts, das ist ein Problem, wenn man im oberen Stock schläft und mitten in der Nacht aufs Klo muss, dann traut man sich nicht mehr an ihnen vorbei, weil sie in die Haare fliegen. Mein Vater sagt, stimmt nicht, die haben ein Radarsystem, wir trauen uns trotzdem nicht und hängen uns lieber beim Fenster heraus, einer hält. Das Ärgste aber sind die dicken, fetten Nachtfalter, weil die fliegen einem todsicher ins Gesicht, sobald das Licht abgedreht ist, ich hasse sie, darum bleibt das Licht an. Da sind mir die Eintagsfliegen mit den langen Beinen und die ständig wippenden Weberknechte noch lieber.

Oder wir gehen zu ihr und springen ins Heu, immer höher, bis wir uns nicht mehr höher trauen. Oder wir springen über die Stiegen, immer eine mehr, bis wir uns nicht mehr weiter trauen.

Die Schwestern fahren auf der Luftmatratze durch die Butterblumen, wir fangen die Forellen mit der Hand und ich liege auf dem Steg und schau ihnen zu. Oder wir gehen tagelang Himbeeren, Erdbeeren und Haselnüsse brocken. Auf der anderen Bachseite hat der Herr Pernecker in einem kleinen Wald seine Werkstatt, er fährt jeden Tag mit seinem schwarzen Fahrrad bei unserm Haus vorbei und klingelt und schaut aus wie der Lehrer Lämpel vom Wilhelm Busch. Er hat angeblich echte Erfindungen gemacht und kann Zither spielen, klopft und hämmert den ganzen Tag und dabei spricht er laut mit sich, wir beobachten ihn von oben, wir sitzen auf den Dächern seiner Hütten und wenn er uns entdeckt, wird er wütend. Der Bäcker hängt morgens frische Semmeln und Kipferl mit Rosinen an das Tor und unser Hund dreht dann jedes Mal durch, keiner weiß, warum aus dem lammfrommen Tier plötzlich eine Bestie wird, auch den Briefträger frisst er fast auf, der will gar nicht mehr kommen und lasst die Post gleich beim Nachbarn. Mein Frühstück ess' ich auf der Hausbank, vorausgesetzt, dass dort schon die Sonnenstrahlen hinkommen, da schlafen meine Schwestern noch, der Bruder spielt im Garten und die Mutter werkt am Haus herum, baut um, hackt Holz, baut Möbel, streicht die grünen Fenster frisch an und kocht Berge von Zwetschkenknödel und Powidl, der am Gasherd immer anbrennt, weil er tagelang kochen muss. Wenn wir tagelang am Fluss sitzen und baden, ärgern uns die Bremsen, dann machen wir ein Lagerfeuer, damit der Rauch aufsteigt und essen Bratkartoffel, die außen verkohlt und innen halbroh sind, mit viel Salz. Herrlich. Am Abend legen wir lange Bretter auf die Eingangsstufen und sie fährt das Auto in die Scheune. Wenn genug Leute da sind, Tanten, Onkeln und Cousins, Nachbarn und Freunde, spielen wir abends zwischen den Heuhaufen Völkerball, die scharfen Bälle hauen mich fast um; oder 1,2,3,-Abschlagen, auch wenn es schon ganz finster geworden ist, ab und zu fällt dabei einer in den Bach oder in die Kalkgrube und die Erwachsenen lachen sich halbtot dabei.

Manchmal in den Ferien kommt mein Vater auf Besuch. Er hat auch hier ein eigenes Studierzimmer mit einer Buddhastatue, wo er sich in Ruhe zum Denken zurückziehen kann, aber meistens ist er gar nicht da. Er kommt immer mit dem Zug, weil er keinen Führerschein besitzt und auch keinen will. Das Pfeifen der Lokomotive und das Quietschen der Schienen hört man schon von Weitem, dann laufen wir um die Wette und holen ihn ab. Verlegen lächelt er und streicht mir über die Haare. Ich kann mich nicht erinnern, dass er uns einmal etwas mitgebracht hätte, er war kein Vater, der uns durch die Luft wirbelte und mit uns Schi laufen ging, mit uns spielte oder uns vorlas, er war anders als alle Väter dieser Welt. Er wirft sich rücklings in den Bach, schnaubt und schwimmt stromaufwärts, dann geht er mit mir still das ausgetrocknete Flussbett entlang und wir suchen schöne Steine oder Wurzeln, besondere Formen, Farben, Gesichter.

Bei meinen Schwestern ist jetzt öfter ein Freund auf Besuch oder zwei. Unlängst waren Leute da in der Nacht, jemand hat draußen Lärm gemacht, mein Vater ist mit der Laterne in der Hand im langen Nachthemd ums Haus herum gegangen und hat gerufen, halt, wer da? Ist da jemand? Niemand hat sich gemeldet, vielleicht waren es Einbrecher, vielleicht, vielleicht war es auch ein Verehrer, der zu meiner Schwester wollte, die ist nämlich vor Kurzem durchs Klofenster abgehauen, weil sie noch ausgehen wollte, wer weiß. Jedenfalls hat meine Mutter jetzt eine Sirene im Zimmer eingebaut und schläft mit dem Küchenmesser unterm Polster, der Nachbar kommt uns dann zu Hilfe, weil er die Sirene hört und die Verehrer und die Einbrecher werden in die Flucht geschlagen. Mein Bruder sagt Papa zu ihm und darf ihm den ganzen Tag bei der Arbeit helfen. Die zwei mögen sich sehr. Es gibt Sommer, da regnet es ohne Ende, da schießt das Wasser mit einem dumpfen Knall in den Keller und manchmal auch ins Zimmer, da gehen wir in der Nacht jede Stunde mit der Taschenlampe nachschauen, wie hoch der Bach gestiegen ist und die Nachbarin nimmt ihre Ziegen und Hühner in die Küche hinein, damit sie nicht ertrinken. Da muss der Doktor mit dem Boot zum Haus kommen, weil ich die Schafblattern und meine Schwester den Keuchhusten hat, da schwimmen die Hausbank und der Hackstock davon und auf unsrer Wiese liegt dann feiner Sand wie in Jesolo in Italien. Aber selbst wenn es ein Sommer ohne Schnürlregen war, spätestens Ende Juli erfasst meine rastlose Mutter das Reisefieber. Sie brütet über großen Karten und stopft den Käfer voll bis unters Dach, wo soll man denn da noch sitzen, da ist sie hektisch und nervös, bis endlich der Tag der Abreise gekommen ist und sie mit den „Großen" in der Ferne entschwindet.

Die Diagnose aushalten, durchhalten. Ich horche in meinen Bauch. Die Kontrolle ist wieder fällig. Diesmal werde ich mich bestimmt nicht von Laborwerten demoralisieren lassen. Beim Blutabnehmen versuche ich meine mentalen Kräfte fließen zu lassen und das Ergebnis dank meiner Energie zu manipulieren. Ich bin wieder auf Schitour gewesen, meine Kondition ist okay, allerdings gehe ich nicht so an die Grenze wie früher, wenn der Puls im Hirn zu klopfen beginnt, gehe ich zurück mit dem Tempo; eine Woche Schiurlaub so wie jedes Jahr, ich kann mit der Jugend gut mithalten, kein Problem, das beruhigt mich. Die Einschränkung beim Essen fällt mir auf Dauer schwer, der Verzicht auf eine gute Zigarette hin und wieder, wenn auch ganz selten nur, doch die Vorstellung, dass es nicht für ewige Zeiten so bleibt, hilft, absoluter Verzicht ist Unsinn, bringt Frust, ich bin absolut kein asketischer Typ. Dann stell ich mir vor wie viele Chemotherapien schon in meinem Körper wären, wenn ich mich dazu entschlossen hätte und erfreue mich an meiner Unversehrtheit. Hin und wieder Essen gehen, Apfeltorte und dazu ein kleiner Cafe, zum Abendessen ein Schluck Rotwein, das sind die Freiheiten, die ich mir wieder erlaube. Das ist mein Urlaub von Grüntee, Roten Rüben, Hanfbrot und Kohl. Herrlich. Die Bilder von der Magnetresonanz sind gekommen, ich bin schweißgebadet und der Puls rast, als ich das Kuvert öffne, es ist alles in Ordnung, ich bin grenzenlos glücklich. Fast fünf Monate sind vergangen und nichts ist zu sehen, wenn das nicht toll ist! Da war meine Mutter schon am Ende, ich sehe sie noch wie gestern, den Bauch aufgeblasen, trotz Schlauch und Sack, dazu Ärmchen und Beinchen, ein Gerippe, dem man Haut übergeworfen hatte, nur vom Essen hat sie geredet und nach dem ersten Bissen war Schluss, vorn übergebeugt mit den Händen an den Bauch gepresst, ist sie aufs Klo geschlurft mit letzter Kraft, nur ja nicht abhängig werden von irgendjemandem, niemandem zur Last fallen, wir haben viel gelacht und geweint damals. Bis sie sich selber erlöst hat.

Der Tumormarker ist wieder gestiegen. Mir schwindelt es vor den Augen, als ich schwarz auf weiß die Zahl am Papier sehe, wird mir schwarz vor den Augen. Tiefe Verzweiflung macht sich abgrundtief in mir breit, die ich mir nicht anmerken lasse. Scheiße. Meine ganze Aufmerksamkeit gilt dem Bauch, ich beobachte ihn den ganzen Tag, muss unaufhörlich daran denken, wird er größer?, wird er kleiner?, die Narben sind noch hässlich und stören, wird er fester?, wenn ich am Kopf stehe, hab ich das Gefühl, dass er zu locker ist, ohne Zusammenhalt, ich muss die Bauchmuskel trainieren, ich krieg ja nicht einmal mehr die Beine in die Höhe. Meine Atmung ist auch nicht in Ordnung, oberflächlich und ohne Rhythmus, ich halte die Luft an, atme nicht richtig durch, erst viel später merke ich es daran, wie kurzatmig ich manchmal bin. An manchen Tagen kann ich meine Finger und Zehen kaum erwärmen. Die Unsicherheit wächst von Stunde zu Stunde. Und die Lust auf Therapie nimmt in Relation dazu ab. Wie lange kann man so weitermachen, nur Geduld üben, wie hoch kann, darf ein Tumormarker sein. Die Ärzte sind vorsichtig und beruhigen. Die Stiche, wie ich sie verspüre, kennt niemand. Mein Spieleinsatz ist zu hoch, ich habe nur dieses eine Leben zu verlieren, zumindest hic et nunc. Da ist auch nicht die geringste Spur von Todessehnsucht. Und ich bin sehr einsam in meiner Angst. Alle sind wir jetzt einsam, weil es in dieser Situation nichts mehr zu reden gibt, keine Worte, die annähernd zutreffen würden, befreien würden, wir sind alle wie gelähmt.

In Eigenregie setze ich endlich diese Impfungen ab, eine Therapie, der keine Kontrolle entgegenzusetzen ist, kann ich nicht mehr nachvollziehen. Der Aufwand zu groß, der Nutzen nicht überzeugend, für mich. Ein Rahmen zum Anhalten, aber auch eine Pflicht weniger. Meine Nächte sind unruhig, nass geschwitzt und trockenen Mundes. Manchmal frage ich mich, ob es nicht besser gewesen wäre, gar nichts zu tun, keine Immunre-aktionen in Gang zu setzen und zu irritieren, sondern auf die Selbstheilungskräfte des Körpers zu vertrauen, ein Spiel der Gedanken, Gedanken der Enttäuschung.

Es ist Frühling geworden, ich denke viel über mein Leben nach. Die Natur geht nach außen und ich nach innen. Die Welt rund um mich ist verführerisch schön, so schön, dass es fast wehtut, wenn man weiß, wie begrenzt sie ist. Eine Freundin von mir ist vor Kurzem an Krebs gestorben, nein, an therapieresistenter Lungenentzündung nach Jahren der Chemotherapie, sie war sehr liebevoll, die erste, die ich aufsuchte in meiner Verwirrung nach meiner Diagnose um zu lernen, wie man umgeht damit. Vor einem Monat noch haben wir miteinander köstlich gespeist, gelacht und geblödelt, als sei es das Normalste auf der Welt, jetzt ist sie einfach nicht mehr da, verrückt, wie wenig man im Augenblick des Lebens den Tod wahrhaben will und kann, sogar wenn man selbst betroffen ist. Das ist die Arbeitshypothese des Lebens, dass alle, die man liebt, sich selber mit eingeschlossen, unsterblich sind, sonst wäre der Schmerz zu groß, das ist der Stoff, aus dem Religionen gewoben sind, das sind die Seiten der Milliarden von Büchern, die über das große Schweigen geschrie-ben worden sind.

Ich krame in meiner Gefühlserinnerung und wende mich an professionelle Zuhörer. Lege mein Leben auf den Tisch. Konflikt, wo bist du, komm heraus aus deinem Haus. Ich muss dich kennen lernen. Da waren Kratzer, keine Frage, die auch tief gegangen sind, munter plaudere ich drauf los, genieße es und staune über meine Redseligkeit, denn sonst bin immer ich der schweigsame Beobachter, wenn die Umgebung neu ist; diesmal aber ist es anders, ich will mich öffnen, weil ich mich erfahren will, mit meiner Angst umgehen lernen, gesunden will. Ich denke und fühle und suche die Antwort auf meine Diagnose, wo sind die Konflikte meines Lebens, die verdrängt werden mussten, der Verlust meines Selbstwerts, denn Eierstock sei das Thema Verlust. Ich genieße es mich darzustellen, es ist durchaus verführerisch. Bin das ich? Wer bin ich? Da waren Kämpfe, Wiederholungen von Ängsten, Themen, die mich immer wieder eingeholt haben, wir haben sie gefochten, viel später erst, fast bis zur gegenseitigen Vernichtung, da waren dunkle Gassen ohne Licht, und Schatten an der Wand zum Fürchten. Wir haben uns dem Duell gestellt und irgendwann war es kein Thema mehr, bis heute. Ich spüre den erhobenen Zeigefinger, ob da nicht doch, ich höre den scheinbar unvermeidbaren Satz, was kann ich jetzt für Sie tun, damit es Ihnen gut geht? Eine ehrliche Frage. Eine ehrliche Antwort. Wenn das so einfach wäre. Wenn ich das wüsste, wäre ich bestimmt nicht hier. Eine Illusion, eine Hoffnung weniger auf das erlösende Aha-Erlebnis, auf die befreiende Erleuchtung meiner Causa. Was wäre das Leben, wenn es eine präparierte Schipiste wäre. Ich liege im Park, in der Sonne auf der Wiese, ich will spüren und hören, wie mir die Grashalme von unten in den Rücken wachsen, will in die Wiese hinein beißen, jede Faser von mir wahrnehmen und vor lauter Lebenskraft explodieren, überschäumen.

Soll das Leben noch schwieriger sein, als es schon ist? Wann ist ein Trauma ein Trauma und wann nicht, wie merke ich, dass ein Konflikt ein Konflikt oder keiner mehr ist, oder nie einer war und ein Thema kein Thema, weil es kein Thema mehr ist? Wann, wie, wo weiß man, dass die Hausaufgaben erledigt sind? Wenn je. Meine Angst wird mir bleiben, das zumindest hab ich jetzt gelernt, Zusammenhänge sehen ist eines, verstehen das andere, wollen ist das eine, werden das andere, ich will dem Vogel ganz langsam die Hand hinstrecken, bis er drauf springt und mir aus der Hand frisst, so hat eine Freundin mir geschrieben.

Wissen.

Es ist Ende Mai. Seit Tagen quält mich etwas, das reale Form angenommen hat, nämlich mein Bauchumfang. Er ist größer als sonst und das eindeutig und nicht einmal gering. Ich kann ihn nicht mehr verdrängen. In diesem Zustand will und kann ich nicht joggen, nicht schwimmen gehen, das Essen macht keinen Spaß, gar nichts macht Spaß, ich liege nur passiv herum. Ich könnte im fünften Monat schwanger sein, die einzige Möglichkeit, die mit Sicherheit auszuschließen ist. Aber was wohl ist die Ursache, ich fühle mich aufgeblasen und ich fühle mich einfach nicht wohl, das heißt verflucht unwohl, habe ich vielleicht zuviel gegessen oder spielt die Verdauung verrückt? Der Magen wölbt sich, der Bauch ist prall, die Hose spannt, ich fühle mich elend und flehe den Himmel an, dass er die Ahnung nicht wahr werden lässt. Drei Tage Reis und die Glaubersalzkur werden mir gut tun, das reinigt, entwässert und ich werde mich bald wieder wohl fühlen, drei Tage nur Reis, ich bete inständig, dass es nur Blähungen sind und wage nicht weiter zu denken. Aber in Wirklichkeit bin ich total verzweifelt. Weiß längst, was los ist. Es könnte auch etwas anderes sein, Darmstillstand, Darmdurchbruch, Darmverschluss, alles längst zerfressen in mir, voller Tumore und Wasser. Und alles zu spät. Und wenn ich ins Krankenhaus ginge, wie sollte ich mich rechtfertigen für mein Handeln, meine selbst vernichtende Naivität. Sie würden sagen, sie hätten gewusst, dass es so kommen und ich wiederkommen würde, notgedrungen, sie würden mich auslachen, ich hätte mir wohl eingebildet eine Ausnahme machen zu können mit meiner Besserwisserei und der Arroganz zu glauben klüger, besser zu sein als sie und alle anderen und sie müssten das jetzt ausbaden. Sie würden mich bedauern ob meiner Dummheit. Ob sie es werden oder nicht –

Es ist Pfingstsonntag, ich halte es nicht mehr aus, ich kann nicht mehr warten, sonst werde ich verrückt, ich muss wissen, was los ist in mir.

Und dann die Gewissheit. Subileus, Ascites, also Bauchwassersucht, jede Menge Tumore, eindeutig! Ich taumle, falle ins Nichts, warum nur war ich so leichtgläubig, absolut unvorstellbar naiv, warum hab ich alles so lange verdrängt. Doch die Gewissheit ist beinahe leichter zu ertragen als der Verdacht. Was nun, was tun. Dieselbe Diagnose, dieselbe Therapie, ein halbes Jahr später und dementsprechend massiver. Muss ich jetzt doch den Weg gehen, den ich nicht wollte? Und wer weiß, ist er noch gangbar? Ist eine Operation noch möglich und sinnvoll? Und in viel schlimmerer Form?! Ich gönne mir noch eine Denkpause, fasse mich wieder wortlos.

Und dann erinnere ich mich.

Es ist das erste Mal, dass ich mit darf auf Reisen, mit von der Partie. Ich bin jetzt acht oder neun, vielleicht auch zehn Jahre alt. Wir drei Schwestern und unsre Mutter. Ich bin eingeklemmt zwischen einem Wäschesack und einer Propangasflasche zu meinen Füßen. Wir fahren kreuz und quer durch Europa, wir fahren über schnurgerade, endlose, einsame Straßen durch Niemandsland, über die Serpentinen wilder, steiler Pässe, auf winzigen Schotterstraßen klettert der Käfer bergauf und wieder bergab, das Gaspedal im Anschlag über Autobahnen, die im Wolkenbruch nicht mehr zu erkennen sind, geschweige denn irgendeine Ortstafel, die uns den Weg weist in der mittäglichen Fata Morgana des heißen Asphalts, an kurvigen Küsten bis uns schlecht wird, im Stoßverkehr der Metropolen des Südens, wo jede Verkehrsordnung aufgehoben ist und das Folgetonhorn zum Einsatz kommt, das eingebaut worden war, weil ein Lastwagen im Rückwärtsgang uns einfach übersehen hatte. Wir fahren Nächte durch, fahren Tage und Wochen, und jeden Sommer wieder, wie die Irren. Irgendwohin. Wir hängen die Füße bei vierzig Grad im Schatten beim Fenster hinaus, weil die Hitze im Auto unerträglich ist und bei den geöffneten Fenstern zieht es uns fast hinaus, aber die Illusion des kühlen Fahrtwinds hebt das Gemüt, und wir grölen lauthals saublöde Schlager oder singen mehrstimmig ähnlich blödsinnig heimatliche Lieder mit Inbrunst, immer dieselben. Sowie auch Sinn und Unsinn dieser endlosen Fahrten nie hinterfragt werden, sie sind spannend und selbstverständlich, aufregend und fremd, anstrengend und erholsam zusammen, gehören einfach zum Sommer dazu mehr als das Amen zum Gebet.

Tags zuvor war Festival in Sofia, dann haben wir in genialer Weise in einer Grube aufgezeltet und mitten in der Nacht kam ein Platzregen vom Himmel, dass wir auf unsren Luftmatratzen im Zelt schwimmen konnten. Nasse Klamotten am Morgen einpacken müssen ist beim Campen das Letzte. Jetzt geht die Fahrt gen Istanbul, die brütende Hitze hat uns wieder und links und rechts des Autos flattern die nassen Leintücher im Fahrtwind, auf dass er sie trocknen möge. An den Grenzübergängen wird es hektisch, meist dauert es Stunden, Zettel sind auszufüllen, deren Text und Sinn keiner versteht, Geld ist zu wechseln und manchmal wird unser Auto durchwühlt. Und auf einem Turm steht Militär mit Gewehr im Anschlag, bis der Schranken hoch geht und wir passieren dürfen. Wir essen Mayonnaisebrot vom Knie und meine Schwester ist am Heulen, weil sie lieber ein Schnitzel will. Die Mutter hat oft Kopfweh, dann wirft sie auch während der Fahrt ein so genanntes Mischpulver ein. Kultur ist angesagt, wir hüllen uns in Tücher, werfen uns auf die Knie und bestaunen die Moscheen, die Mutter feilscht wild im Bazar mit den Männern, wir bekommen Tee serviert und wissen nicht mehr wie wir diesen Ort der Gastfreundschaft am besten und schnellsten verlassen können. Dann endlich kommen die Tage am Meer zum Rasten, die anderen braten in der Hitze und schinden rassige Bräune, ich bin entweder im Wasser oder suche den Schatten, mich quält die grelle, heiße Sonne und oft bin ich krank auf den Reisen. Fieber. Zurück geht unser Weg über griechische Tempel und deren Adonisse, wir lassen kein verfallenes Amphitheater, keine vergammelte Statue aus und um von Pallas Athene auf dem kürzesten Weg an die reizvolle, jugoslawische Meeresküste zu gelangen, hat sie beschlossen, sich entlang der albanischen Grenze zu halten und von dort die Bucht von Kotor zu erreichen. Irgendwo dort war auf der Karte so etwas Ähnliches wie eine Straße eingezeichnet. Damals sind wir sechsunddreißig Stunden non stop durchgefahren, das heißt sie ist gefahren, wie ein Gespenst hinterm Volant, auf schotterigen, löchrigen Karrenwegen durch hohe Gebirge und zauberhafte, in der Nacht ganz schön gespenstische Landschaften, wo uns die Kinder in den Dörfern Steine nachgeschmissen haben und man sich in den Geschäften weigerte uns Brot und Milch zu verkaufen, weil wir die deutsche Sprache sprachen. Um fünf Uhr früh stehlen wir uns Wasser aus einem Dorfbrunnen. In der zweiten Nacht bitten wir um Unterkunft in einem Hotel mit Tito-Charme aus besseren Zeiten in Andrejevica, ich weiß es noch wie gestern, man brachte uns in ein verfallenes Nebengebäude, das nicht abzuschließen war und seltsame Geräusche von sich gab, in dieser Nacht hat keine von uns vier Frauen ein Auge zugetan. Und dann endlich die heiß ersehnte Küste, von hoch oben ein göttlicher Ausblick, Zivilisation in Reichweite, in Hochstimmung plündern wir den erstbesten Markt, frische Fische, Brot, Wein und Halva in zwei riesigen fünf Kilo Dosen schleppen wir wie im Triumphzug davon. Wenn wir nach fünf Wochen nach Hause nach Österreich zurückkommen, staunen wir über das viele Grün, schmeißen das letzte Geld vom Urlaubsbudget hinaus und haben das Gefühl die ganze Welt erobert zu haben.

Und in der Schule fragen sie mich jedes Jahr wieder, ob ich heuer leicht nicht auf Urlaub war, weil ich so bleich bin.

Die Besatzung wechselt, die Interessen vor allem der Jugend wechseln, Kultur, Natur oder Gesellschaft, das ist die Frage, Abenteuer allemal, ob umringt von sizilianischen Verehrern, die sich partout nicht mehr abschütteln lassen, bei griechischen Göttern und ihren irdischen Pendants, bei einer Überdosis spanischer Sangria, oder beim Reifenwechsel in der Pampa, wir sind ein tolles, bewährtes Team. Die Ziele sind jedes Jahr neue, erst viel später, weil uns Regen und Kälte abschreckte, wagen wir uns in den hohen Norden, nachdem der Süden immer überfüllter, touristisch erschlossen worden war.

Ich erinnere mich.

Es gibt Leute, die schwören drauf, dass jede Krankheit im Darm beginnt, Dysbiose des Darms genannt. Und da erinnere ich mich an noch etwas, es gibt Leute, die sollen nur durch eine extreme Fastenkur vom Krebs tatsächlich und absolut für alle Zeiten des Lebens geheilt worden sein. Und genau daran erinnere ich mich genau in dem Moment, wo ich mit meiner Verzweiflung am Höhepunkt und mit der Weisheit am Ende angelangt bin. Ein Freund der Familie hatte in jungen Jahren Hautkrebs und bald darauf Nierenmetastasen, er machte die besagte Kur und erfreut sich bis heute, nach über zwanzig Jahren, bester Gesundheit. Acht Personen sind es inzwischen, die ich kenne oder von denen ich weiß, dass sie auf exakt diese Weise wieder ganz gesund wurden. Und gerade in letzter Zeit verdichten sich diese Informationen. Mein Bio-Onkologe warnt mich: nicht bei ihrem Gewicht! Das ist obsolet. Wollen sie sich umbringen? Nein. Eine liebe Bekannte hat mir vor Kurzem einen Brief geschickt. Eine Freundin hätte bei Magen-Darmkrebs einen künstlichen Ausgang bekommen sollen, das ist viele Jahre her, auch sie hat diese zweiundvierzig Tage gefastet. Ich rufe sie noch am Tag meiner zweiten Diagnose an, sie lacht und strahlt eine Zuversicht aus, als gäbe es für sie nur Freude auf dieser Welt, sie hätte damals zehn Kilo weniger Ausgangsgewicht gehabt als ich jetzt, und binnen Minuten steht mein Entschluss fest. Ich mache die Breußkur. Das sind exakt zweiundvierzig Tage des Fastens, nur ein Glas Rübensaft pro Tag, sonst nichts, es ist, wie wenn du drei Wochen auf Urlaub fährst und dort nichts isst und das Ganze zwei Mal hintereinander. Das ist das Einzige, das ich noch nicht probiert habe und das Einzige, das mir noch einfällt, was einen Sinn macht. Ganz begeistert bin ich von der Idee und davon, dass sich ein neuer Weg abzeichnet, eine Entscheidung und dazu eine viel versprechende gefallen ist, auch meine Familie lebt wieder auf. Obwohl ich keine Ahnung habe, auf welches Abenteuer ich mich eingelassen habe. Gar nicht mehr erwarten kann ich es, bis endlich die Geschäfte aufsperren. Ich brauche einen Entsafter, zehn Kilo Rote Rüben, Sellerie, Karotten und spezielle Tees, sonst nichts. Meine Auto ist voll gestopft bis unters Dach, alles, was man für sechs Wochen Urlaub von daheim braucht, ein dicker Schlafsack, Rucksack und Bergschuhe, Bücher und Malzeug, Schreibzeug, Badezeug und das Nötigste zum Anziehen. Es ist das erste Mal in meinem Leben, dass ich über längere Zeit allein sein werde und ich freu mich drauf, was vielen seltsam klingt. Nur für mich alleine auf der Welt zu sein, ganz abgeschieden, für niemanden und nichts zuständig, außer ganz allein für mich, ein Handy nur für den Notfall, keine Besuche erwünscht, in den Tag hinein leben, nichts reden und niemandem Rechenschaft ablegen müssen. Das war noch nie da. Und ich hab mir oft schon gewünscht, einmal für längere Zeit alleine zu sein. Nicht weil ich Problemen entfliehen wollte und mein Alltag so schwierig war, sondern weil es mein seltsames Bedürfnis nach Einsamkeit mit mir war. Es ist, als ob dieser Wunsch jetzt in Erfüllung geht. Wenn auch die

Vorzeichen andere sind als in meinen Phantasien. Es ist noch früher Morgen, als ich alleine aufbreche in das Haus, wo noch immer, wie damals, die dicken Nachtfalter und die Fledermäuse am Dachboden wohnen seit meiner Kindheit, sie als Einzige werden mich die nächsten sieben Wochen begleiten.

Tag eins, endlich geht's los. Alle Therapie liegt schlagartig weit hinter mir, was nichts gebracht, wird abgestreift, keine guten Ratschläge, keine Zwänge mehr, nur mehr fasten. Mit fast heiliger Akribie, die mir sonst fremd, bereite ich den ersten Saft und die Tees genau nach Anleitung aus dem Buch, voll beschäftigt, mich gemütlich und mit System hier einzurichten, falle ich abends zufrieden und müde ins Bett, bis mich am ersten Morgen die Stille weckt. Erinnerungen an früher werden wach, ich wasche mich köstlich erfrischend im eiskalten Bach, als eine Mandarinente vorbeischwimmt, gerade als ich mich einseife, treibt sie lustig den Bach herunter, es ist fast kitschig, möchte man darüber schreiben. Nur Ruhe und ich mit mir. Zum Frühstück gibt's Salbeitee, etwas sehr gewöhnungsbedürftig, aber ich schlürfe ihn mit Wonne, weil ich weiß er heilt mich, dann schluckweise über den Tag verteilt den Rübencocktail, der extra noch gefiltert wird, damit er keine festen Bestandteile beinhalte, ein Glas, mehr nicht und dazu die diversen Tees, ungezuckert, versteht sich von selbst. Zehn Mal am Tag lese ich das Buch dazu, immer und immer wieder, erbaue mich daran, wie die Menschen geheilt wurden, die oft viel schlimmer dran waren als ich. So einfach, so genial, nicht dass die Ausführung unbedingt so leicht wäre, aber die Idee scheint perfekt. Mein Schlafplatz wird auf schädliche Strahlen untersucht, meine mentalen Kräfte werden aufgeladen und selbst körperlich fühle ich mich so entleert gar nicht so schlecht, durchaus kräftig in diesen ersten Tagen. Ich habe ja schon drei Reistage hinter mir, die ersten Fastentage ebenso, der ärgste Hunger ist vorbei, der banale Gedanke an Essen ist weit weg, es geht schließlich um höhere

Ziele, es geht eigentlich und nicht eigentlich um Leben oder Tod. Nachdem auch nicht ein Krümel Essbares im Haus vorhanden ist, komme ich gar nicht erst in Versuchung, ich käme nicht einmal unbewusst auf den Gedanken mir etwas in den Mund zu schieben, nicht einmal einen zuckerfreien Kaugummi oder die Erdbeeren, die wild auf meiner Wiese wachsen. Ich weiß allerdings nicht, wie es wäre, wenn ich kochen müsste und das Haus voller Leckereien wäre. So gern hätte ich eine Beschreibung zur Hand, wie es Menschen in dieser meiner oder ähnlichen Situation ergangen ist. Und tatsächlich, beim Nachbarn ist Besuch, der sich mit meiner Kur vom Prostatakrebs befreit hat und ich habe Gelegenheit mit ihm zu plaudern. Heute, sagt er, würde er gern ein bisschen abnehmen und schafft es nicht mehr auch nur ein paar Tage zu fasten. Also der Hunger ist nicht das Problem, zumindest anfangs. Ein paar Kilos hab ich schon verloren, das dient der Reinigung und lässt sich wieder aufholen.

Viele Tiere umgeben mich, die ich erst in der Stille bemerke, größere Vögel, die ich nicht identifizieren kann, nisten am Dachboden, wenn sie mich hören sind sie ganz still, vier nackte, kleine Würmer und ich schau jeden Tag nach, wie viel sie gewachsen sind. Vor meinem Fenster nisten kleine Meisen, die schreien den ganzen Tag umso lauter um Futter und ihre Eltern scheren sich einen Dreck um mich, grad dass sie mich nicht anfliegen, wenn ich auf der Hausbank sitze. Hinterm Haus in einem Baum wohnt ein Buntspecht.

Draußen ist es trüb und kalt geworden. Anfang Juni, die Schafskälte, wie die Leute hier sagen, sogar der Schnee liegt wieder auf den Bergen. Auch drinnen im Haus ist es kalt geworden. Und auch in mir ist es kalt geworden. Seit vielen Tagen schüttet es in Strömen, der Bach steigt stündlich und ich beobachte ihn stündlich, auch nächtens. Zumindest mein Auto sollte ich weggebracht haben, wenn er über die Ufer tritt. Ich habe meinen täglichen Rhythmus gefunden, viel Arbeit fällt ja nicht an, am Morgen nach dem Bad kommt die berühmte Teezeremonie, dann das Entsaften, und dann wird Holz gehackt, meine Lieblingsbeschäftigung derzeit, ich verbringe Stunden damit, da spüre ich meine Kraft. Einheizen, gemütlich machen, für mich leben, was auch immer. Die ersten Tage vergehen schnell. Einmal am Tag schaut meine Freundin L., die vom Haselnüsse Brocken vor langer Zeit, vorbei, ob ich noch am Leben bin und lädt mich zum Spazierengehen ein.

Doch die Euphorie des Aufbruchs ist langsam gewichen, mein Bauch wächst weiter. Nicht, dass ich Schmerzen hätte, aber an lustvollen Urlaub, an Bewegung ist nicht zu denken, ich wollte ins Tote Gebirge wandern, joggen gehen, aber selbst die Zeit der Spaziergänge ist vorbei, ich muss mir beim längeren Gehen den Bauch halten, weil er drückt und zieht, es ist grauenvoll, ganz abgesehen von der körperlichen Entstellung, die einen auch seelisch nicht gerade erbaut. Und ich hatte gehofft, dass mit jedem Tag des Eiweißentzuges auch das Wasser im Bauch schwindet. So ist es nicht, zumindest noch nicht. Er stört mich beim Atmen, beim Sitzen, beim Schlafen. Es könnte auch sein, dass er jeden Tag größer wird, ich weiß es nicht so genau. Sogar beim Baden hab ich eine Aversion gegen ihn, weil ich ihn gar nicht anschauen mag. Manchmal erwache ich mitten in der Nacht mit diesem inneren Druck und krieche auf allen Vieren am Boden herum, bis es dann leichter wird. Vielleicht sollte ich doch ins Krankenhaus fahren zur Punktion, vielleicht kommt der Zeitpunkt, wo ich diesen Druck einfach nicht mehr ertrage und einfach losfahre. Es heißt, einmal punktiert, füllt sich der Bauch gleich wieder und immer wieder, ich kenne das von meiner Mutter und einer Bekannten, also wenn es irgendwie geht, werde ich durchhalten und gerade da bekomme ich die Information aus erster Hand, dass so ein Bauch erst nach der Kur, langsam, das heißt innerhalb von ein paar Wochen, entschwindet. Tatsache. Sehr lustig. Und ich kann mich jetzt schon nur schwer aus meinem Bett erheben. Hauptsache er entschwindet. Irgendwann. Das Leben ist so mühsam geworden mit dieser Kugel in meiner Mitte. Ich schäme mich, fühle mich aussätzig, hässlich. Und das ist nicht das Einzige. Ich friere viel, auch wenn die Sonne scheint oder gemütlich eingeheizt ist und immer zur gleichen Stunde am Abend erfasst mich ein Schüttelfrost, der mich mit meiner Wärmeflasche in den Schlafsack treibt. Vielleicht ein Reinigungsfieber! Eine dicke, pelzige Zunge glotzt mir aus dem Spiegel entgegen. Ich habe wieder Kopfweh. Vielleicht hab ich zuwenig getrunken. In der Nacht schwitze ich viel und hüstle. Was aber lähmend noch hinzukommt, ist, dass ich keine Nacht schlafen kann, und normalerweise schlafe ich wie ein Murmeltier. Kaum, dass ich müde mich verkrochen, beginnt mein Puls zu rasen, auf 130 Schläge pro Minute, seit dem Tag zwei meiner Ankunft hier, immer der gleiche Zirkus, es klopft im Kopf, ich bin hellwach, suche Entspannung und wälze mich herum, ich mache wieder Licht, lese bis ich wieder müde werde, doch der Puls rast weiter, als ob ein Notaggregat eingeschaltet würde, als ob der Körper schreit, nicht einschlafen, sonst verhungerst du, erst wenn der Gockelhahn vom Nachbarn schreit und der Himmel sich erhebt, versinke ich endlich, dann ist es zwischen vier und fünf Uhr früh. Kein Wunder, dass der Briefträger, der manchmal Briefe von den Freunden bringt, sich wundert, Postkasten gibt es keinen und wenn er gegen Mittag kommt, ist das große Scheunentor noch geschlossen. Auch die Nachbarin macht sich dann schon Sorgen, dass etwas passiert sein könnte und geht auf leisen Sohlen eine Runde um das Haus. Ein Phänomen ist die Sache mit dem Hunger. Zwei Wochen bin ich nun schon ohne Nahrung, von Hunger im herkömmlichen Sinn als Loch im Bauch, Magenknurren, heißes Verlangen ist keine Rede. Mein Magen ist im Ruhestand und als Detail am Rande, ich habe täglich Stuhlgang, was skurril ist und keinen roten Farbstoff im Urin, denn sonst genügt eine kleine Rote Rübe um zwei Tage rot zu pinkeln. Ich zwinge mich zu trinken, ich zwinge den Rübensaft in mich hinein, dieser seimige, seifige, süßliche Geschmack ist widerlich, vor allem, wenn er einen den ganzen langen Tag begleitet, er klebt förmlich auf der Zunge, die ganzen, langen Tage immer dieser gleiche Geschmack, er dringt schon aus all meinen Poren, mit Mühe bringe ich einen Viertel Liter in mich hinein, es ist ja das Einzige, das mir Überlebenskraft und lebensnotwendige Stoffe, Vitamine bringt, ich rede mir gut zu und wenn das Glas dann endlich leer ist, bin ich wieder erlöst für einen Tag. Viel lieber würde ich nur klares Wasser trinken. Ab und zu ist Feiertag, da gibt es ausgekochte Zwiebelschalenbrühe, nur die Schalen, gefiltert, die ist herrlich und erlaubt.

Ich möchte für die nächsten Wochen im Halbschlaf versinken können, so wie die Tiere das tun. Nicht denken, nicht sorgen, nicht fragen, nicht antworten, nicht warten, ohne Zukunft und Vergangenheit, fast ohne Gegenwart, vorübergehend. Meine Versuche zu malen, zu schreiben scheitern, ich weiß selber nicht warum, kreative Beschäftigung ist mir unmöglich in diesem Zustand, ich bin einfach nur ein Stück dieser Natur hier, wandere mit meinem Glas auf die große Wiese, wenn das Wetter es zulässt, harre der Gedanken, die da kommen oder nicht, lasse sie vorüber gleiten, glotze den Wolken und den Blättern und dem Wasser zu, lausche dem Gebimmel der Schafe, der Musik der Vögel und des Windes, dem Reich der Sinne, nicht zu vergessen den Düften der Nase, ich empfinde manches intensiver, mit besonderer Wachsamkeit gefolgt von Trancezuständen, kein Hunger, keine Sterbensangst, trotz aller Mühsal bin ich mir sicher durchzuhalten und am Ende von allem Krebs befreit zu sein, ich kenne nur die Erfolgreichen; die Geheilten; die, die es nicht geschafft haben, haben wohl abgebrochen oder etwas falsch gemacht, die sind wohl schon gestorben. So sitze ich auf der großen Wiese, das Buch meist nur Alibi halber neben mir, trotz aller Widersprüche, die Ruhe tut mir wohl, nichts anderes würde ich mir wünschen, zu dieser Zeit und unter diesen Umständen, als diesen Rückzug in meinem Elend. Wenn dann die Sonne sinkt, wärmt mich ein Lagerfeuer oder das Feuer im Ofen, mein Holzvorrat reicht noch für Wochen, selbst wenn es Winter würde, nur manchmal denke ich an die Pellkartoffel und die Knödel, die es früher hier so oft gab. Und an das bunte Treiben früher hier. Und statt der Knödel hab ich Schreibzeug und meine Altblockflöte mitgebracht, die mir den Abend vertreiben, Nachtzeit ist Lesezeit, sämtliche uralt Bücher des Hauses sind schon aufgelesen, ganz gleich welchen Inhalts und welcher Qualität, Bücher, die ich sonst nie in die Hand nehmen würde, und wieder ist ein Tag gewonnen, ein dicker roter Punkt kommt vor dem Schlafengehen auf den Kalender, die Tage sind gezählt, zwei Wochen sind geschafft, das ist bereits ein Drittel, ich bin so stolz auf mich. Noch immer ist es kalt und regnerisch.

G. war auf Besuch, er fastet mit mir mit, solange es für ihn Sinn macht, hat frisches Wasser und Medikamente gebracht für den Notfall, es könnte ja sein, dass Komplikationen auftreten, man weiß ja nie, und er hat mit solchen Experimenten auch keine Erfahrung, auch die Kinder wollten mich wieder einmal sehen, auch für sie keine einfache Zeit, es war ein zauberhafter Abend.

Mein Zwerchfell steht zu hoch, ich atme gequält und schnappe nach Luft, ich krieche am Boden herum, wenn der Druck beinahe unerträglich ist, trotzdem bin ich dankbar keine anderen Schmerzen zu haben, jede Nacht wickle ich, wie empfohlen, Kohlplätschen um meine Mitte, Nieren und Bauch, schlafe schlecht in diesem faulen Dunst, wie immer, bin zu trocken, versuche mehr zu trinken, träume alb, dass ich ins Krankenhaus muss. Ein neuer Tag beginnt. Hoffnungsvoll vorsichtig blicke ich an mir hinunter, wird der Druck nachlassen? Ohne Bauchwasser wäre es wohl ein leichtes Unterfangen auszuhalten. Oder ist es eine paradoxe Hoffnung, die meinen objektiven Blick trübt? Wie ein Maikäfer, der am Rücken liegt, wie eine Bienenkönigin, ich habe Mühe mir die Schuhbänder zu binden. Schwangerschaft ist anders, da gehört der Bauch zu dir. Da weißt du auch wofür. Selbst wenn der Körper streikt, Seele und Geist sind tapfer. Sie genießen das einfache Leben hier, reduziert auf das Banale und jeden Tag dasselbe. Schafe, Vögel, Bach und Wind, sonst nichts, Holz hacken, Tee und Saft kochen, einheizen, nichts tun, ich bin soweit zufrieden, bestimmt nicht für die Ewigkeit, doch für ein paar Wochen bestimmt. Ich wiederhole mich. Ich rede mir gut zu. Nur ein einziger Wunsch ist in mir, Gesundwerden. Es gilt zu leben und das umso mehr, als alles andere sich relativiert hat, meinem Interesse enthoben. In der Stille drängen sich Bilder auf, Bilder aus meinem Leben, Tagträume, ich habe aufgehört zu hinterfragen, warum wer was wie mit mir, es ist ein Kommen und Gehen den ganzen Tag, in einer langen Schlange stellen sich Menschen an vor meinem inneren Auge, alle, die mich begleitet haben, irgendwann, es fehlt kein Einziger, ihre Gesichter sehe ich genau, sie warten bis sie drankommen, dann umarmen sie mich, alle, ganz fest. Eine Verabschiedung? Oder eine Begrüßung! Weder, noch. Da sind Leute, die ich längst vergessen hatte, unscheinbare, flüchtige Begegnungen, lustige, traurige, schöne, schwierige, damals, aber alle freuen sich mich wieder zu sehen, wie eine Faschingsschlange rollt der Film nach hinten auf.

Halbzeit, drei Wochen sind geschafft, ich bin begeistert und bekomme Glückwunsch-sms, jetzt kann es nur noch leichter, schneller werden, heute in drei Wochen ist der letzte Abend, ich will es schaffen und dann frei sein, es gibt kein Zurück, sonst ist alles umsonst gewesen. Es ist endlich wieder ein bisschen Sommer geworden, ich möchte mich bewegen, den Körper zurückgewinnen, in kleinen Trippelschritten zehn Runden auf der Wiese täglich, das geht, auch wenn der Bauch steinhart wird jedes Mal, Atemübungen gleich im Anschluss und einmal im Bach herunter treiben, es fühlt sich an, als wäre ich ein praller Wasserball. Den Badeanzug hätte ich mir heuer wahrlich ersparen können, denn mit diesem deformierten Gestell in der Sonne liegen ist peinlich, genante und uninteressant, auch wenn mich hier keiner sieht.

Was will ich. Vom Leben. Noch. Denn vieles hab ich schon bekommen. In meinem Ausnahmezustand ist mein Geist erstaunlich wach, was hat mein Weltbild mit meiner Krankheit zu tun, wenn es miteinander etwas zu tun hat. Meine Aktienanteile. Nur wenn du ganz fest an einen Gott glaubst, sagen manche, wenn du ein gläubiger Mensch bist, wirst du gesund werden. Das klingt nach Tauschhandel, Milchmädchenrechnung, das müsste ein eitler Gott sein, der so denkt. Bestehst du die Prüfung, darfst du leben. Bestehst du sie nicht, bist du auch belohnt, denn dann geht es dir drüben umso besser. Und wenn nicht, meint er es auch gut mit dir. Nun, wie stehen meine Aktien. Praktisch ohne Religion aufgewachsen, mit meinen Fragen und Antworten auf mich allein gestellt, sofern ich überhaupt welche hatte, weil sich Fragen vielleicht erst durch fertige Antworten stellen, mit meinen Entscheidungen und Handlungen mir und meinem Gewissen verantwortlich; die Mutter vermittelte mir die Welt durch ihr Tun, religiös frustriert von der Bigotterie ihrer eigenen Mutter fand sie dafür keine Notwendigkeit mehr, der Vater war in sämtlichen Religionen zu Hause, jedoch nur in der Theorie, nicht in der Praxis, dem fernen Osten zugeneigt. Er suchte sich von überall etwas heraus und fügte es zu seinem Bild zusammen. Vielleicht hat er mich still geprägt. Aber, außer dass man einer Fliege nichts zuleide tun sollte, wurde nichts abverlangt in dieser Richtung. So blieb ich irgendwie ungeformt in dieser Sache und bin nicht gram darob, für mich war alles Kosmos ohne Unterschied, vollkommen und genug. Da war keine Veranlassung zu zweifeln. Die sehnsüchtige Suche nach der Wahrheit hat mich nie beschäftigt oder gequält, ich konnte und wollte nie glauben, was ich nicht selber spüren konnte oder was andere meinten zu wissen für mich, weil wo geschrieben stand, was nachher kommt. Kein Bedarf für Artefakte. Es wurde auch nie eingefordert, höchstens in der Schule, nur da nahm es keiner ernst und so konnte ich nicht von meinen eigenen Vorstellungen enttäuscht werden, da ich gar keine fixen hatte. Ich spürte genug, jeder Baum, jeder Mensch war mein Zeuge, und wenn ich abends in den Sternenhimmel schaute, war mir gewiss, dass Leben Sinn hat, nur welchen sei dahingestellt und war auch gar nicht wichtig. Man sollte doch Überraschungen nicht vorwegnehmen. Es war so, wie wenn ich einen Stern am Himmel fixierte und dieser dann weniger stark leuchtete, als wenn er nur im Augenwinkel sichtbar war, erst wenn er aus dem Fokus herausgerückt war, konnte er scheinbar seine volle Leuchtkraft entfalten, weniger war mehr und allzu viele Worte störten diese Ruhe. Und ich empfinde heute noch so wie am ersten Tag, ein Art Dankbarkeit, aber wirklich benennen kann ich sie nicht. Ein Lebensgrundgefühl, das erst bewusst wird, wenn man innehält, in den Flammen des Feuers oder den Tropfen des Wasserfalls, wie es so schön heißt, in einem Blick in die Augen, in der Stille, im ganz Kleinen und Banalen, sowie im Großen, nichts unbedingt Großartiges. Erst viel später in der Obermittelschule, wenn die Philosophie deutlicher in den Mittelpunkt des Lebens rückt, habe ich diese Themen konkretisiert, heiße Diskussionen über Leben und Tod, Gott und die Welt, das war unsre Passion, wir konnten gar nicht genug kriegen davon, und auch mit meinem Vater kam ich erst damals durch diese Tür zum ersten Mal so richtig ins Gespräch.. Der Tropfen im Meer, der wir sind, das berühmte Nichts, das nichtet, dass alles ist, indem es wird, der so gern strapazierte scheinbare Widerspruch, darüber konnte er Tage und Nächte diskutieren, es war ein intellektueller Wettkampf, der vorüberging. Das sind die Sätze, wo er mir lebendig wird, das war sein Element, wo er lebendig wurde. Er erntete nicht nur Bewunderung damit innerhalb der Familie, das Schicksal des Nemo propheta in patria. Als Reinkarnation von Goethe und Bruckner zugleich fühlte er sich, wenn auch nur im Scherz, das gab seiner Eitelkeit Nahrung.

Mit meiner persönlichen Weltanschauung habe ich oft Gläubige vor den Kopf gestoßen und manche meinten, sie müssten für mich in der Kirche um mein Seelenheil beten, ich würde schon noch sehen, wenn ich in Not und so weiter geraten sollte, als hätte ich ein Manko an mir, einen verwerflichen Geburtsfehler sich die Sache mit dem Glauben so einfach zu machen, denn einfach machen darf man es sich im Leben sowieso nicht, das sei Ketzerei und überdies eine Überheblichkeit, so manch einer hat sich persönlich verletzt gefühlt, ohne, dass ich das wollte. Seither vermeide ich Gespräche dieser Art. Also die Not hat mich nicht bekehrt zu etwas anderem, wenn alles alles und nichts nichts ist, wenn alles nichts und nichts alles ist, warum aber hadere ich dann, dass ich früher und bewusster sterben könnte, als ich dachte. Dorthin gehe, wo sowieso alle hingehen. Die Sache mit dem Sterben und dem Tod ist zum ersten Mal realistisch geworden, was es bedeutet, glaube ich jetzt nicht nur mit dem Hirn zu wissen, sondern fühle im Bauch, im wahrsten Sinne des Wortes genau dort, was es sein könnte, alle meine früheren Statements darüber waren graue Theorie ohne mir ihrer Unzulänglichkeit und meiner eigenen bewusst zu sein. Mein Kampf hier ist die Liebeserklärung an dieses mein Leben auf diesem meinem Planeten. Nichts Bestimmtes ist es, was ich noch unbedingt will, sicherlich, es gibt da ein paar Dinge, die zu verwirklichen mir viel Spaß machen würde, aber es geht längst nicht mehr um das Machen, ich will dieses Leben an sich, es auskosten, noch ein Stück weiter gehen und wenn es noch dreißig Jahre sind, wäre es mir gerade recht. Dann werde ich sehen, was ich noch alles gewollt hätte.

Ich werde langsam schwach, ich bin schwach und werde immer schwächer von Tag zu Tag und kann mir zuschauen dabei. Körperlich. Das Aufstehen bereitet Mühe, ich gebrauche die Hände dazu, beim Stiegensteigen halte ich inne und verschnaufe und die Holzmenge, die ich auf einmal trage, wird jeden Tag kleiner, eine Strecke von hundert Metern ist das Maximum meines Entfernungsradius. Es ist das Ende der vierten Woche, alles wird immer schwieriger in jeder Hinsicht und ich hatte gedacht es würde leichter werden, warum eigentlich, man denkt zuviel. Eine Vorstellung wie so viele. Der Bauch ist riesig, ich bin mir ganz sicher, dass er noch einmal größer geworden ist, ich muss beim Schlafen auf der Seite ein Polster unterlegen. Mein körperliches Erscheinungsbild erschreckt bestimmt nicht nur mich, dort wo einst der Busen war sind zwei leere Hautfalten und mein Hintern existiert nicht mehr, ohne Polster kein Sitzen, die hohlen, grauen Augen liegen tief in ihren Höhlen, auch ihre Fettpolster sind aufgebraucht, Bilder aus den Konzentrationslagern und von Kindern aus der Dritten Welt kommen mir in den Sinn. Zum Verwechseln ähnlich, nur ein bisschen freiwilliger. Ich will gar nicht wissen, ob das noch medizinisch vertretbar oder schon gefährlich ist. Ich zähle ständig die Tage, die noch bevorstehen, sie erscheinen mir eine Ewigkeit, vollkommen antriebslos verliege und verschlafe ich den Tag. Groß ist mein Selbstmitleid, vielleicht ist es das, was man eine Depression nennt. Wenn nicht bald das große Wunder geschieht, was dann, nur nicht dran denken. Hoffentlich reicht meine Kraft aus. Da bemerke ich, wie ich manchmal laut mit mir spreche um mir Mut zu machen.
Es wechselt. Es gibt auch gute Stunden, da stellt sich Euphorie ein, eine Vorfreude und ich kann es kaum erwarten, dass das

neue Leben endlich beginnt, voller Pläne male ich mir die Zukunft aus, wenn es schon sonst nicht reicht zu irgendeiner Art von Beschäftigung, da durchströmt mich ein herrliches Lebensgefühl. Selten. Die Qualitäten des Alters kennen lernen, neugierig auf das, was noch kommen mag mit einer gewissen Entspanntheit und Gelassenheit fernab des Strudels des im Aufbau begriffenen Lebens. Zeit der Ernte könnte man sagen, Zeit der eigenen Inhalte mit der Kraft der Ruhe bis man endlich satt ist vom Leben. Dreizehn Tage noch, dreihundertundzwölf Stunden. Hoffentlich.

S. hat spezielle Kräuter aus den Bergen mitgebracht voller Zuversicht, dass alles gut wird, meine Familie beginnt mir zu fehlen. Die Freunde, die Menschen, Kommunikation und Nahrung, sowohl die seelische, aber auch das Essen, das alles wird allmählich zur Wahnidee. Aus dem Altpapier suche ich Kochrezepte heraus, eine lange Liste von herrlichen Gerichten, die ich nach dem Tag X genießen werde, liegt auf dem Tisch, täglich kommen neue dazu, nicht der Verdauungstrakt schreit, es ist das Hirn, das schreit. Die Vorstellung mit allen Sinnen wieder richtig zu essen wird übermächtig, ich kann an nichts Anderes mehr denken, es ist der Überlebenstrieb, der sich jetzt mit Vehemenz meldet, der einen normalerweise vorm Verhungern schützt, nehme ich an. Ich bete, dass mein Körper, mein Wille noch durchhalten möge und alles gut wird.

Ich hatte einen Traum. Mitten in der Nacht, es ist noch finster, ein tiefes Blau, nur ein metallischer Schatten liegt am Himmel, wunderschön blau schimmern die Eiszacken im Gletscherbruch, ich breche auf zu einer Bergtour, es ist schon höchste Zeit, ich bin alleine. Während ich meinen Rucksack nehme, bemerke ich, dass er sich leicht, zu leicht anfühlt, ich öffne ihn und stelle fest, dass nichts drinnen ist, absolut nichts. Da ich keine Zeit mehr verlieren darf, marschiere ich trotzdem los, es ist eine große

Tour durch Schnee und Eis, die Morgendämmerung beginnt soeben. Ich breche auf ohne zu wissen wohin, ohne zu wissen warum, das Einzige, was ich weiß, ist, dass ich aufbrechen muss. Die längste Reise meines Lebens hat begonnen, der höchste Berg ohne Sauerstoff, sechs Wochen unterwegs, gegen Ende der Tour ist dir alles egal, ob du den Gipfel geschafft hast oder nicht, scheiß drauf, du hast nur mehr einen einzigen Wunsch: heil ins Tal zu kommen zu den Menschen, unbeschadet irgendwann ins normale Leben zurückzukehren und die Angst im Nacken nicht gegen Ende des Kampfes noch dem Wahnsinn anheim zu fallen, völlig monoton und stumpfsinnig bewegen dich deine Beine vorwärts.

Genug des Rückzugs, fünf Wochen der Isolation sind genug, meine Schwester R. wird mich die letzten Tage begleiten und ich bin froh nicht mehr allein zu sein; als sie ankommt, falle ich ihr in Tränen um den Hals, ich weiß nicht, ob ich es noch schaffe, sage ich. Wir gehen zum Nachbarn zum Kaffee ohne Kaffee, die Nachbarin von oberhalb besucht mich mit ihrer kleinen Tochter, sie hat Leukämie, wir werden Freunde. Acht Tage noch, Tage an der absoluten Grenze. Wir gehen einkaufen für nachher, es ist fast unwirklich, säckeweise Spezereien, es ist das erste Mal, dass ich wieder sozusagen öffentlich auftrete, ich geniere mich für mein Äußeres, weil ich denke, die Leute könnten denken, dass ich hochschwanger und gleichzeitig magersüchtig bin, aber das funktioniert ja gar nicht. Wir spielen Spiele, doch meine Gedanken gehen im Kreis, es fällt mir schwer sie gezielt zu richten, fast ausschließlich drehen sich meine Gespräche nur mehr ums Essen, meine Nerven sind angekratzt, eine große Unruhe ist in mir und gleichzeitig eine gähnende Lethargie. Wir können aber auch lachen zeitweise und wenn ich schlafe, schaut sie ganz leise und besorgt bei der Tür herein. Sie denkt, ich könnte ganz leise davon sterben. Ich stelle mir die Einkaufssäcke ins Zimmer, damit der Geruch sich ausbreite, ich lese die Kochrezepte, immer wieder, wenn Besuch kommt, beginne ich sofort und manisch irgendetwas zu kochen, am liebsten würde ich ununterbrochen kochen. Ich rieche minutenlang an Brot und Käse und würde mir am liebsten alles gleichzeitig in den Mund stopfen. Sogar selbst gepflückte Ribiselmarmelade koche ich ein ohne den Löffel abzuschlecken, der Duft, der sich im ganzen Haus ausbreitet, ist himmlisch. Zu dem geistigen Wahn gesellt sich nun nach langer Zeit wieder die körperliche Gier nach Essen, ein echter, unbeschreiblicher Heißhunger hat mich erfasst. Der ist neu nach diesen Wochen, ich werte es als gutes Zeichen und bin dankbar, dass keine anderen Komplikationen aufgetreten sind. Wobei ich gar nicht wissen will, was das hätte sein können. Das Wasser staut seit Tagen jetzt auch in den Beinen, der Atem geht schwer und der Schlaf der Erschöpfung überfällt mich nur mehr tagsüber, aber dafür umso öfter. Der Gedanke aufzugeben beschleicht mich, macht es überhaupt noch Sinn in diesem Zustand weiterzumachen, schließlich sind zweiundvierzig Tage nicht dasselbe für jeden Körper, wenn einer Reserven hat, okay, aber bei mir? Macht denn das wirklich noch Sinn? Vielleicht schade ich mir sogar, außerdem steht geschrieben, dass manche auch ein paar Tage früher abgebrochen haben, man möge sich nicht peinigen. Klingt verlockend. Und dann schlägt wieder der Ehrgeiz zu. Das Ziel winkt und wenn alles klappt, werde ich bald der glücklichste Mensch auf dieser Erde sein. Möge dieser Wasserbauch dann endlich in sich zusammenfallen und meine Reinigung auf allen Ebenen für die nächsten Jahre und Jahrzehnte ausreichen. Der Witz des Tages: zum ersten Mal seit sechs Wochen steige ich auf die Waage, damals am Beginn der Kur hatte ich vierundfünfzig Kilo, alle schauen gespannt auf die Anzeige, mit meinen verbliebenen Haut und Knochen bringe ich stattliche einundfünfzig Kilo zusammen, dafür gibt es nur eine Erklärung, der Rest ist Wasser, sieben bis acht Liter müssen es wohl sein, demnach habe ich circa zehn Kilo an echtem Gewicht, Muskel und Fett verloren. Ich kann mich nicht mehr anschauen. Die letzten Tage, die letzten Stunden sind das Schwerste von allem, wer hätte das gedacht. Der Letzte Tag. Die Letzte Nacht, in vierundzwanzig Stunden werde ich in die Zivilisation, zu meinem Menschsein zurückkehren, ich werde wieder essen und wenn der Körper satt ist, hoffentlich auch wieder richtig schlafen können.

Wieder ist Zeit des Aufbruchs. Nicht nur die Reiseziele, auch die Wohnungen wechselten, ich besuche die Mittelschule, das Leben ist ein einziger Hit, wir, meine Freunde, in der Mehrzahl männlicher Art und ich, brechen ins Leben auf und wollen die Gesellschaft aufbrechen. Glauben wir zumindest. Schon früh am Morgen gibt man sich im benachbarten Café zur ersten Zigarette die Tür in die Hand, noch um Etwaiges nachzuholen, abzuschreiben, was auch immer zu besprechen, nicht zuletzt der Liebe wegen und um durch einen verspäteten Aufbruch von zu Haus nicht aufzufallen, spätestens zu Mittag trifft man sich hier gruppenweise wieder. Wir fordern Mitbestimmung in der Schule, ein Raucherzimmer, wir diskutieren unsern Lehrern Löcher in den Bauch, viele davon sind verunsichert, sie haben kein leichtes Spiel mit uns und unsrem beinharten Aktionismus und die Entschuldigungen schreiben wir uns selber, ganz legal. Manchmal schießen wir gerade übers Ziel hinaus.
Im Winter hole ich mir fast Unterleibserfrierungen in Hot Pants und Minirock, der bodenlange schwarze Mantel im Schiwago-Look rettet mich, doch es muss sein, dafür muss ich mich nicht mit den grauenvollen Stöckelschuhen abquälen, die kurz zuvor bei meinen Schwestern noch aktuell waren, flache Mädchenschuhe und Twiggy sind in, die ersten Magersüchtigen, nur hat man sie damals nicht so benannt und erkannt, aber auch wir

Mädchen stecken uns den Finger manchmal in den Mund um nicht zu dick zu werden. Zum Glück war ich immer schon untergewichtig, so passe ich genau in den Trend der Zeit und in die hautengen Glockenhosen, wo man sich flach auf den Boden legen und die Luft anhalten muss um sie zuzukriegen. Wir treffen uns in Wohngemeinschaften, feiern Feste, büffeln Mathematik oder Latein, gemeinsam sind wir stark, manche rauchen sich ein, es ist mehr ein Ausprobieren, aber für einen Joint bin ich viel zu feige, die Welt liegt uns zu Füßen, auch wenn wir uns das alles vielleicht nur einbilden. Es macht keinen Unterschied. Es ist die grenzenlose Freiheit. An den Wochenenden füllen wir die Discos an, selbst wenn einer von uns gern eine Tanzschule besucht hätte, nur um tanzen zu lernen, es wäre undenkbar, weil viel zu reaktionär gewesen. Wir sitzen bis zum Morgengrauen in Schnapsbuden herum, mit hehrer Absicht, es geht schließlich um die Meinungsbildung an der Basis, wir philosophieren und politisieren mit Leuten, die wir dort finden, die nicht mehr ganz dicht sind zu dieser späten Stunde, auch wir saufen uns gegenseitig unter den Tisch, kurzum wir krempeln die Welt für uns um zu höheren, gesellschaftspolitischen Zielen. Und das geht nicht immer recht einmütig zu, denn über Ideale kann man bekanntlich streiten, was dem einen zuviel, ist dem andern noch viel zuwenig, und die, die damals die Mercedessterne geknackt haben, fahren heute selber einen. Keine Demonstration wird ausgelassen, barfuß und laut Parolen schreiend laufen wir über die Kärntnerstraße und erhalten die gewünschte Aufmerksamkeit, wir sind politisch unterwegs, für Hippie und Flower-Power Kultur haben wir, abgesehen von der Musik, nicht allzu viel Sympathie übrig, eine reine Gefühlsduselei ohne politisches Konzept. Der Existentialismus ist es, der mich grenzenlos fasziniert und auch die Liebe ist theoretisch ohne Grenzen völlig frei, doch wir sind nicht die ersten, die in der Praxis daran scheitern, denn die Praxis ist ganz schön possessiv, mein Freund ist so eifersüchtig, dass er mich Tag und Nacht beschattet, auf immer und ewig mit einem Ring verbunden, wie passt denn das zusammen und ins neue Weltbild. Und dennoch, das undefinierbare Gefühl der Freiheit ist grenzenlos, eine Euphorie, die nicht immer unbedingt einfach ist, trägt uns durch ein paar gemeinsame Jahre hindurch, bis andere Prioritäten sie erlösen, wobei ich gestehen muss, dass ich oft mehr der Beobachter, der Mitläufer bin, vieles erscheint mir zu utopisch, oft nicht einmal wünschenswert. Denn ich muss zu Hause nicht opponieren, ich renne offene Türen ein. Zu Hause ist alles, was ich tue, hochinteressant und gut, auch wenn es der größte Blödsinn ist, ich erzähle nicht viel aus Schule und Leben, weil ich die allein erziehende Mutter von vier Kindern nicht belasten will und weil ich mir meine Dinge lieber selber regle, sie hat genug um die Ohren, denn meine Geschwister sind anstrengend genug und in der Öffentlichkeit ihren Mann zu stellen ist in diesen Zeiten für sie auch anstrengend. Es gibt oft Streit und Ärger, meine Schwestern streiten wild um Liebhaber und Strumpfhosen und dergleichen mehr, die eine will partout jeden Morgen wieder nicht in die Schule gehen, macht jeden Morgen einen Zirkus, und sagt zu mir am Schulweg, geh nicht so schnell, sonst komm ich noch rechtzeitig in die Schule, die andere lernt Tag und Nacht und tyrannisiert die ganze Familie damit, weil man immer still sein muss, damit sie sich konzentrieren kann, und nicht zuletzt der kleine Bruder, er schießt mit Spikes Löcher in die Türen, zündet das Schlafzimmer an und wechselt dauernd die Schule, die Mutter zerreißt seine Zeugnisse und spült sie im Klo hinunter vor lauter Wut auf die Lehrer. An manchem Tag genügt es, dass mich jemand schief anschaut, wenn ich zur Tür hereinkomme und ich breche in Tränen aus, dass ein falsches Wort fällt und ich bin für drei Tage unansprechbar, pubertäre Stimmungsschwankungen nennen sie das. Alle Jahre wieder werden kleine Katzen und Hunde in unserem Vorzimmer geboren, anschließend verschenkt oder ertränkt. Jeden Abend und Morgen gibt's die gleiche Diskussion darüber, wer an der Reihe ist mit dem Hund fünf Stockwerke hinunter und wieder hinauf zu gehen.

Vielleicht bin ich auch manchmal allein, einsam. Unauffällig in Schule und Freizeit gelte ich als das Wunderkind der Familie, denn in dieser Familie ist das neu. Ich habe nicht mit Kämpfen oder Ausgehsanktionen zu rechnen, was mir meine Schwestern heute noch vorwerfen, sie hätten die Rechte erkämpft und ich hätte unauffällig und stillschweigend Privilegien geerntet, dafür auch noch Lob bekommen, und was auch immer ich erzähle, stößt auf Begeisterung, denn meine Mutter wird dabei selber wieder jung. Sie schreibt jetzt an ihrer Dissertation über Penis-Futerale an der Westküste Schwarzafrikas in der ersten Hälfte des sechzehnten Jahrhunderts, eine quellenkritische Untersuchung eines Reiseberichts. Die Hämmer der Schreibmaschine klackern laut und hell jede Nacht bis um drei, vier Uhr früh, da sitzt sie im Qualm ihrer Zigaretten vergessen in ihrem Element. Denn in gewisser Weise und auf ihre Art rebelliert auch sie ziemlich gegen die Gesellschaft. Manchmal ist es sogar mir fast zu viel, wenn sie halbnackt durch die Gegend rennt und auf den Stufen vorm Parlament eine Runde pennt. Gegen die Werte des Bürgertums, die nicht mehr stimmig sind für sie oder nie stimmig waren, die hochhackigen 12cm-Absatz-Stöckelschuhe und die langen, wallenden Kleider hat sie längst gegen Jeans und Lederjacke eingetauscht. Wir meinen zu wissen warum. Morgens bereits um sieben singt sie laut ihre Arien beim Bügeln oder Staubsaugen, immer die gleichen. Mein Freund wohnt mehr bei mir als anderswo, er fährt auch mit auf Skiurlaub und auf die noch immer obligate Sommerreise und auch die Freunde meiner Schwestern sind ständig präsent. Manchmal bekommt auch meine Mutter Männerbesuche, aber die haben sich nie recht lang gehalten. Abends stapeln sich die Zigarettenpackerl am Tisch und wir sitzen beim x-ten Kaffee gemütlich in der kleinen Küche und plaudern bis tief in die Nacht.

Damals hat es begonnen mit der Migräne. Wenn ich bloß wüsste warum! Vielleicht gibt es gar kein darum. Da steh ich einmal in der Woche im Kopfstand an der Wand und hoffe, dass es wieder einmal aufhört, da schluck ich zwei Aspirin und streiche den Tag aus dem Kalender. Kaum ist es vorbei, kann ich mir diesen Schmerz gar nicht mehr vorstellen, ist es, wie wenn nie etwas gewesen, und ich stürze mich wieder ins Leben.

Man kann Schmerz auch wegdenken, heißt es, man muss es einfach nur üben, solange bis er nicht mehr da ist. Hypnotherapie. Das ist die reine Konzentration. Denn der eigentliche Schmerz sitzt nicht am Ort des Geschehens, heißt es, er manifestiert sich nur im Kopf oder, noch besser gesagt, irgendwo dahinter, demnach wäre jeder Schmerz ein Phantom, ausgelöst durch ein Trauma, ein Gefühl oder eine Situation, die da war, als der Schmerz zum ersten Mal in Erscheinung trat. Ich erinnere mich und versuche mein Bestes.

Es ist kurz vor Mitternacht.

Ich hab es geschafft, noch kann ich es gar nicht glauben. Nicht einen Tag, nicht eine Stunde länger, ich kann und will nicht mehr. Obwohl, vielleicht, hätte jemand gesagt, diese Kur dauert eine Woche länger, wer weiß, vielleicht hätte ich weitergemacht, in der existentiellen Not ist man zu allem fähig, man ist bereit fast alles zu glauben und zu tun, ein gefährlicher Ansatz, eine Bewusstseinseinschränkung, wie weit wäre ich gegangen? Ein Gedanke, der mich erschreckt, weil ich mich bis zum Tag X für einen rationellen Menschen gehalten habe, einen Skeptiker, einen überkritischen, ungläubigen und vielleicht unsensiblen gegenüber

Dingen, die nicht direkt wahrnehmbar und beweisbar, kontrollierbar sind, der für Fremdbestimmung nie sehr zugänglich war, der sich empörte über die Leichtgläubigkeit anderer, über Bauernfängerei; in der Not ist alles ganz anders und genau das ist geschehen, ich habe mich blind einer Sache anvertraut. Nicht alles kann man vorher prüfen.

Aber jetzt hat mich das Leben wieder. Der Tisch ist gedeckt, mit Kerzen geschmückt, am Herd steht die Kartoffelsuppe, die mich ins Leben zurückholen wird, das Zimmer duftet, Fasten brechen mit Kartoffelsuppe und Brot, auch Musik darf nicht fehlen, es ist ein Fest.

Werde ich überhaupt noch essen können? Etwas Festes schlucken können? Werde ich je wieder eine menschliche, normal weibliche Körperform erlangen? Ich werde trainieren müssen. Minuten des Zweifels, ich freu mich schon so auf das Zuhause, ein paar Tage noch werde ich hier verweilen, bis ich mich kräftiger fühle.

Im Moment bin ich der echten Freude noch nicht mächtig, noch bin ich apathisch, viel zu schwach und angespannt. Ich habe es geschafft, ich kann es gar nicht fassen. Es ist soweit. Feierlich wird das Essen aufgetragen, ganz langsam werde ich beginnen, es ist das Beste, was ich je in meinem Leben gegessen habe, ein Erlebnis der besonderen Art zergeht auf der Zunge und der Geschmack der Kräuter durchfließt meine Sinne.

Beim zweiten Löffel erfasst mich die Panik. Die Anspannung der letzten Tage, der vielen Wochen sitzt zu tief, meine Nerven, meine Seele, alles dreht durch, ich springe durchs Zimmer, robbe am Boden herum, bekomme keine Luft, ich werde jetzt ersticken und alles ist aus oder ich verhungere, weil ich nicht mehr essen kann und alles ist aus, Ende. Die Minuten dauern ewig, es wird immer unerträglicher, meine Schwester erklärt dies zu einer Panikattacke und gibt mir Psychotropfen, an so etwas hätte ich gar nie gedacht, auch nicht zur Hand gehabt, es ist das erste Mal, dass ich so einen Zustand erlebe. Erschöpft und erleichtert falle ich ins Bett. Nach einer Stunde dasselbe, ich erwache mit denselben Symptomen, wieder dieselbe Panik, grauenvolle Erstickungsangst, Herzrasen, ich rase in den ersten Stock mit Kräften, von denen mir rätselhaft ist, woher sie so plötzlich kommen, rüttle die Schwester aus dem Tiefschlaf, dass sie beinahe auch Tropfen braucht um den Schock vor dem potentiellen Einbrecher und Mörder zu überwinden, ich flehe nochmals um Tropfen und schließlich kommt G., bringt Valium und Sauerstoff mitten in der Nacht.

Die Tage danach.
Es wird noch dauern, von entspannt und locker ist noch lange keine Rede, die extreme Anstrengung ist mir ins Gesicht geschrieben, die Atmung spinnt nach wie vor, doch das Essen ist ein Traum. Geschmack erleben zu dürfen ist ein Geschenk, dabei war mir Essen nie so richtig wichtig und das Gefühl satt zu sein ist himmlisch. Forelle mit Knoblauch und Mandeln, wie oft hab ich davon geträumt, eine ganze Portion für mich allein, wenn ich auch eine gute Stunde damit beschäftigt bin, wider alle Erwartungen, ich schaffe es eine ganze Portion alleine zu verdrücken und entwickle schön langsam eine echte Fresssucht, vielleicht werde ich zum ersten Mal so richtig dick im meinem Leben, wer weiß. Und mein Magen spielt mit, wie wenn ihm die Kur behagt hätte. Und was das Schönste dran ist, ich kann wieder richtig schlafen, eine ganze Nacht in einem Stück! Und das jede Nacht. Es folgen Tage des Essens und Schlafens, der Geselligkeit und aber auch des Wartens, der Erfolg möge sich endlich bemerkbar machen, ich rechne mit einem Tumormarker im Normalbereich, damit, dass der Bauch in den nächsten zwei bis drei Wochen deutlich schrumpft und ich parallel dazu wieder zu Kräften gekommen bin. Das nötige Eiweiß, das der Körper braucht um in den Zellen wieder den richtigen osmotischen

herzustellen bekommt er reichlich, er möge sich beeilen, denn um meine Geduld ist es schon schlecht bestellt, die ganze Causa dauert schon viel zu lange.

Endlich wieder zu Hause. Viel Ruhe und viel Essen ist die Devise, alle zwei Stunden Nahrungsaufnahme, ich habe viel nachzuholen und einen ungeheuerlichen Appetit, selbst mitten in der Nacht stehe ich auf, esse zwei Butterbrote und trinke Kakao, das Gewicht steigt, die Stimmung steigt. Blutabnahme nach einer Woche, ich bin extrem gespannt und angespannt. Und dann kommt die Horrormeldung. Die Illusion zerspringt in Bruchteilen einer Sekunde in tausend Stücke, der Marker ist in die Tausende gestiegen, ich kann es nicht glauben, es kann doch nicht alles umsonst gewesen sein, warum funktioniert es bei den anderen und bei mir nicht, das ist unmöglich. Jetzt bleibt nur noch der Leidensweg der Operation plus Chemotherapie und dafür ist es längst zu spät, in meinem Zustand ist daran nicht einmal zu denken, das würde ich nie aushalten. Ich bin fassungslos, soll das das Ende anstatt des neuen Anfangs sein? Wo kann ich Rat holen, wie der Verlauf nach der Kur aussieht, obwohl mir klar ist, dass kein Krebs dem andern gleicht, tausend offene Fragen, niemand hat behauptet, dass das Wunder sofort geschieht, das war einzig und allein mein Wunschdenken. Ich erfahre von Leuten, die auch im Alleingang unterwegs und erfolgreich waren, dass der Marker erst drei Monate später deutlich gesunken war, also noch nicht im Normalbereich war, allerdings hatte er sich während des Fastens nicht erhöht, ich erfahre, dass die Metastasen nach drei Monaten noch sichtbar, aber deutlich kleiner waren und das sind gute Nachrichten für mich. Ich muss einfach warten, einfach warten ist gut gesagt, bis der Umkehrprozess in Gang kommt, ich mache weiter so, warum denn hab ich erwartet, dass am Tag danach alles vorbei sein wird, denn wenn ich mich jetzt für die Schulmedizin entscheide, ist die Wirkung der Kur passé, oder? Wider alle Vernunft ist die Hoffnung zurückgekehrt, doch sie ist angekratzt. Die Angst ist wieder riesengroß geworden. Doch es gibt auch Positives, die kleinen Schritte, aber immerhin. Der Bauch ist schwabbelig geworden, zum ersten Mal seit all den Wochen, zwar noch schwer und mühsam, aber eindeutig weicher und dort, wo normalerweise ein Nabel ist, zeichnet sich erstmalig wieder eine kleine Delle ab, mein Körper kehrt langsam zurück, das Wasser in den Beinen ist verschwunden; trotz schlechter Laborwerte, die Verbesserung ist unübersehbar, der Bauch schrumpft kontinuierlich weiter, das wichtigste Zeichen, wie mir alle bestätigen, und ich nehme wieder rundlichere Formen dort an, wo sie auch hingehören, das Leben ist runder geworden. Mein Schlafbedürfnis ist geringer geworden, das Defizit ist aufgeholt, auch beim Essen, ich vergesse schon wieder die eine oder andere Mahlzeit, so wie früher oft, die Wertigkeit hat nachgelassen. Es sind gute Wochen der Zuversicht trotz allem, ich gehe wieder aus, kasteie mich nicht mehr so sehr, von Einsamkeit bin ich gesättigt und fasten werde ich nie wieder!

Eine große Wiese und darauf ein kleines Haus, wie aus dem Bilderbuch, auf einer Kinderzeichnung, rotes Dach, weiß gekalkt mit kleinen, grünen Fenstern und in der Mitte eine grüne Tür mit Fenster. Vor dem Haus ein alter, hoher Baum mit einer Schaukel. Ich trete ein und drinnen ist alles groß und weit, auf der linken Seite ist der erste Raum dem Kulinarischen gewidmet, da stehen Kellner vor blitzblanken Platten und bieten mir vom Allerfeinsten an, Frischgebratenes nach meiner Wahl, der Raum ist prall mit Früchten aus den Tropen, sie hängen mir buchstäblich in den Mund, der Boden ist dezent in schwarz-weißen Kacheln gehalten, alles in italienischem Design, tausend Spiegel an der Wand, an dem großen, schwarzen u-förmigen Tisch lasse ich mich verwöhnen, ein schweres Glas Rotwein und Essen bis zum Umfallen. Ich gehe weiter und komme in den nächsten Raum, der auch der Lust, allerdings einer anderen, gewidmet ist, viele kleine Wasserbecken, mit unterschiedlichen Temperaturen, Sprudelbecken, Saunen und jede Menge Pflanzen, es duftet nach Rauch ganz dezent, im Hintergrund eine Bar, das Licht gedämpft, ein riesengroßes Bett kann ich vage hinter einem dunkelroten Vorhang erkennen. Ich verweile eine Weile. Dann treibt mich die Neugier weiter. Auf der rechten Seite des Hauses finde ich mich in einer überdimensional großen Bibliothek wieder, in mehreren Stockwerken über mir biegen sich die Regale, Musik spielt leise im Hintergrund, schwere, lederne Sitze laden zum Lesen ein, ein eigener, vertrauter Geruch geht davon aus; ohne Türen, aber um Ecken windet sich der Raum weiter, ein großer Schreibtisch lädt mich ein zum Schreiben und hinter der nächsten Ecke erstrahlt ein Atelier im Sonnenlicht, Skulpturen und Bilder blicken herab, ich bin allein, das bin ich.

Plötzlich kommt alles ganz anders. Binnen einiger weniger Tage. Zuerst war da der Stillstand, die Besserung steht still. Ich esse hastig und relativ viel und nehme trotzdem nicht mehr zu. Ich bin kurzatmig, habe eiskalte Hände und Füße. Eine Woche lang rührt sich nichts vom Fleck und dann die Explosion. Hohes Fieber macht mir zu schaffen, das Wasser in meinem Bauch ist zurückgekehrt, so schnell, dass man dabei buchstäblich zuschauen kann, es ist unheimlich beängstigend, es drückt wieder auf die Lunge, Atemnot, der Appetit gleich null, das Bedrückendste aber ist der Verfall der Kräfte, von Tag zu Tag verfalle ich mehr und mehr, es ist bloß ein paar Tage her, ich kann kaum mehr aufstehen, mich auf den Beinen halten, Horrorvisionen besuchen mich, ich brauche ohne jeden Zweifel Hilfe von außen, es könnte alles sehr schnell gehen, ich fühle, wenn ich jetzt hier liegen bleibe, kann ich mir nur mehr beim Sterben zuschauen. Die Enttäuschung ist grenzenlos, und furchtbar bitter, wozu um

alle Welt hab ich so schwer gekämpft, nur schwer kann ich mir endlich eingestehen die falsche Entscheidung getroffen zu haben; kann all der Kampf umsonst gewesen sein, dass ich mich womöglich mit eiserner Disziplin in den Tod getrieben habe?
Ich war mir so sicher, dass es funktioniert, wie bei den Tausenden anderen auch. Ich will nur mehr ins Krankenhaus. Ich bin zusammengebrochen. Es ist Ende August, Reisezeit.

Die alten Freunde sind passé, die Trennung von meinem Freund war dramatisch, da sie für ihn fast tödlich endete, auch wenn ich es nicht wollte, es tut mir leid. Ich darf ihn auf der Intensivstation nicht besuchen, mit dem Kommentar, dass ich mir die Sache wohl hätte früher überlegen können; wie eine Verbrecherin schleiche ich mich davon. Man hat mir notgedrungen die Schuld für seinen Selbstmordversuch in die Schuhe geschoben, es war mir zu eng geworden, wie denn sonst hätte ich mich aus der Umklammerung lösen sollen! Vorbei sind die alten Zeiten und der Kampf gegen Bourgeoisie und Kapitalismus. Die Schwestern sind ausgezogen, die Mutter geht arbeiten, nur mein Bruder und ich sind noch zu Hause, es ist ruhig und friedlich geworden. Es sind Jahre von ganz anderer Farbe, die Freunde und Interessen sind neu, der Paradigmenwechsel hat schlagartig stattgefunden. Mein neuer Freund ist anders, neigt nicht zur Extreme, zumindest nicht politisch, höchstens beim Klettern, wir gehen ins Theater und auf Bälle, wir gehen gemeinsam klettern und bergsteigen, oft sehn wir uns nur zum Wochenende oder wir fahren in die Natur, die neue Beziehung ist erholsam, Romantik ist zugelassen, man klebt nicht aneinander, wir sind sehr unterschiedlich, seine Eltern müssen erschrocken sein damals über meine unchristliche, kommunistisch angehauchte, Zigaretten rauchende Erscheinung. Das Leben auf der Uni ist anders, die Zeiten sind ernster geworden als in der Schule, hier ist Opposition pur nicht gefragt und wir wissen inzwischen, dass wir einen Beruf erlernen wollen, wenn wir im Hörsaal sitzen. Das neue Leben auf der Uni heißt auch viele neue Leute kennen lernen, gemeinsam trainieren, gemeinsam auf Kurse fahren und Spaß haben, wir sind älter geworden. Ich habe ein eigenes uralt Auto, einen Käfer Baujahr 64, hellgrün und wunderschön, der ganze Stolz meines Studentenlebens, der Inbegriff meiner Freiheit, finanziert aus Nachhilfestunden. Mitunter aber reicht das Budget nicht aus oder anderes ist wichtiger, dann kann ich mir keine neue Batterie leisten, dann muss ich in der Früh anschieben, wenn ich auf die Uni muss, aus dem Parkplatz heraus rolle ich an, die nächste Quergasse geht leicht bergab, ich springe ein und los geht's, hinter mir eine lange Schlange von Autos und Autobus. Ein Liter Benzin kostet drei Schilling vierzig, wir haben die Ölkrise, Energieferien und einmal pro Woche autofreien Tag mit der Plakette auf der Windschutzscheibe. Ich lerne bis drei Uhr früh, ernähre mich von Haselnusskeksen und schwarzem Kaffee und um sieben Uhr in der Früh übe ich Saltos vom Trampolin, breche mir mein Nasenbein beim Hürdenlauf am Sportplatz, drehe nie mehr enden wollende Achterschlingen rückwärts in der Eislaufhalle oder sitze im Audi Max mit Karl dem IV. und mit Karl Marx im Hörsaal vierunddreißig.

Und immer noch kommt mein Vater auf Besuch, seltsam, wie eh und je, immer noch sind sie verheiratet meine Eltern, alle vierzehn Tage wird Beziehung geübt und alte Wunden werden aufgerissen, obwohl mein Vater bei seiner Lebensgefährtin wohnt, oder sie bei ihm, seit bald zwanzig Jahren, von Scheidung ist da trotzdem nie die Rede, kein Bedarf, weshalb habe ich nie erfahren, welche Vorteile auch immer sie draus zogen, meinten zu ziehen, sie wussten es wohl selber nicht. Oder es war nur Bequemlichkeit, sie blieben verheiratet bis in den Tod, wie es so schön heißt, nur nicht vereint. Vielleicht sind es Hoffnungen, vielleicht Ängste, es ist eine Hassliebe bis in den Tod, die sie zusammenhält, zum Leben auferweckt alle zwei Wochen, wenn er kommt. Da ist die Stimmung angespannt, nicht immer, es gibt auch schöne Wochenenden, aber öfters, mit eingezogenen Schultern kommt er bei der Tür herein, das schlechte Gewissen im Gesicht oder die Ausweglosigkeit. Da finden interessante Gespräche statt, heiße Gespräche, es geht um viel Wissen und um Macht, um Beziehung und um Erlagscheine, und manchmal geht er mit hochrotem Kopf zur Tür hinaus, sie hinter sich zuknallend, und erscheint nach einer Stunde ganz normal wieder. Der philosophische, sonst so fruchtbare, scheinbare Widerspruch funktioniert nicht, der Widerstand erweist sich in der Praxis eher hinderlich. Ich lebe zwischen absoluten Gegensätzen, manchmal haben beide Recht und können es nicht sehen. Manchmal niemand. Es kommt auch vor, dass er bei Behörden, Schulen, im Dienst oder quer durch ein Gasthauszimmer das Götz-Zitat vom Stapel lässt, in bestem Hochdeutsch und ganz freundlich. Er kommt auch unsretwegen, der Kinder wegen und sucht Kontakt, obwohl er keine Kinder mehr haben wollte, wie er sagt, er hatte ja schon eines, eine ehrliche Antwort. Unsre Existenz muss sie ihm abgeluchst haben. Aber irgendwie gehören doch zumindest zwei zum Kindermachen, denke ich, bei drei Kindern. Wie auch immer. Er tut mir oft leid und sie noch mehr. Er, weil er um Beziehung ringt, die nicht nachzuholen, er wirkt zerrissen, traurig, und sie, weil sie nach all den Jahren noch immer so sehr in diesem Gefühlschaos mit ihm verstrickt ist, sich einen männlichen Partner wünscht, obwohl sie es beharrlich verneint, beide, weil sie noch immer kämpfen müssen, um ihre eigene Würde voreinander zu verteidigen. Mein Bruder liebt ihn und weint jedes Mal, wenn er wieder wegfährt, obwohl sie nicht verwandt sind, das ist nicht das Problem, im Gegenteil. Ich spüre die Nähe, die er zu mir sucht, er sucht mich über das Gespräch, ich spüre, dass er mich mag auf seine verhaltene Art, er erzählt aus seinem Leben, von seinen Gedanken, er erklärt mich heimlich zu seiner Lieblingstochter, was mir zwar schmeichelt, aber nicht unbedingt angenehm ist, vielleicht auch, weil er sich bei mir nicht rechtfertigen muss, weil er bei mir etwas nachholen will. Ich war zu klein um zu verstehen damals und ich stellte ihn nie auf die Anklagebank. Er ist keiner, der Einladungen macht, sei es zum Essen oder ins Theater, keiner, der mich nach meinem Privatleben fragt, nach meinen Ängsten oder Sorgen, er ist einer, der Noten und Zeugnisse belächelt als kleinbürgerlichen Kram, er hat keine Ahnung von mir und meiner Welt. Ganz anders die Botschaft der Mutter, wir sind der Mittelpunkt ihres Lebens, sie klebt an unsren Lippen, wenn wir erzählen, für sie sind Ausbildung, Beruf und infolgedessen die weibliche Unabhängigkeit das oberste Gesetz, die Sicherheitsgarantie um Beziehungsfallen heil zu überstehen, ein erfülltes Leben zu haben. Das gebrannte Kind in ihr, und mit jedem erwachsenen Kind, das auszieht, bricht wieder eine Welt für sie zusammen.

DREI

Ich habe aufgegeben, abgegeben. Ich bin im Krankenhaus. Mit viel Liebe und Verständnis werde ich hier aufgenommen, die Oberärztin meint, sie könne gut verstehen, dass man nicht wüsste, was man in meiner Situation täte, mir ist alles recht was geschieht und was passieren könnte, meine Verantwortung für mich selbst kann ich, muss ich endlich abgeben, es ist höchste Zeit, es gibt absolut nichts mehr, was ich tun kann für mich, nicht einmal kämpfen. Ob ich denn nicht gewusst hätte, dass der Herr Breuß ein Elektromechaniker war, und dass er mich gern früher bei sich hier im Krankenhaus gehabt hätte, bemerkt der Primar später mit einem Lächeln. Ich habe es gewusst. Die erste Wohltat ist die Punktion, eine Sache auf fünf Minuten, ein kleines Loch in den Bauch und ich bin um sechs bis sieben Liter leichter, nicht gleich, aber im Lauf des nächsten Tages, seit gut drei Monaten erstmals ohne Wasser. Es tut unheimlich gut so federleicht zu sein und seit Monaten zum ersten Mal die Umrisse eines normalen Menschen wieder zu fühlen. Rund um die Uhr hänge ich am Tropf und werde künstlich ernährt, bevor an eine gezielte Krebs-Therapie überhaupt zu denken ist. Meine Blutwerte sind völlig entgleist, vor allem der Eiweißmangel ist enorm, auch in der Lunge ist Wasser, im Dämmerzustand ziehen die Tage an mir vorbei, wie wenn ich sie gar nicht gelebt hätte. Dafür aber besucht mich hier unaufgefordert die katholische Kirche und ein eifriger Jünger der Mission drückt mir völlig überraschend drei Kreuze ins Gesicht, obwohl ich nicht darum gebeten hatte, er hatte mich nicht einmal gefragt, ich hätte zum Beispiel auch eine Muslime sein können, die hätte ihm die Augen ausgekratzt, könnte ich mir vorstellen. So ist das mit der Religion.

Ich habe abgeschlossen, nicht mich aufgegeben im Sinne von Resignation, sondern losgelassen, es ist diesmal kein Aufschrei, kein Aufbäumen gegen das Schicksal oder meine eigene Blödheit, es war ein Versuch, den ich nicht zurückdrehen kann, wenn ich es heute nicht besser wüsste, würde ich es vielleicht wieder so machen, und wenn ich es besser wüsste, würde ich es vielleicht umgekehrt machen, zuerst das andere und erst dann das eine, zuerst die Schulmedizin und dann die Alternativen, es ist ganz anders heute als damals vor fast einem Jahr, an den Tagen nach der ersten Diagnose. Ganz gleich was geschehen wird, es geschehe, es ist in Ordnung so wie es ist, weil ich es sowieso nicht mehr ändern kann, ich habe mit hohem Einsatz gespielt und alles verspielt, ich kämpfe nicht mehr. Nicht einmal Gedanken über die Zukunft beschäftigen mich, auch dazu fehlt die Kraft, ich bin bereit zu gehen, wenn es soweit sein sollte, aber der Abschied tut doch noch immer verdammt weh. Die Vorstellung meine Lieben nie mehr zu sehen. Wir weinen viel, wenn sie mich besuchen, wir reden wenig, weil es wieder nichts zu reden gibt, ich weine auch alleine, schlafe, wenn ich keine Schmerzen habe und harre der Dinge, die da kommen oder nicht. Was ich fühle, ist unendliche Trauer und Verzweiflung. Doch dass mir nur mehr zwei Wochen zu leben verbleiben könnten, wie man mir später erzählt, ist mir nicht bewusst, ich rechne nicht in Zeit, eine Art Selbstschutz. Ich rechne nicht in Zeit, doch ich weiß, dass alles sein könnte. Was ich fühle, ist eine einzige riesengroße Enttäuschung, dass ich mit all meinen Kräften gekämpft und alles umsonst gewesen ist, ja noch viel mehr ich mir geschadet habe, das steht fest. Die Geschwister kommen sooft wie möglich, trotz meiner klaren Abweisung, in ihren Augen kann ich die Angst um mich ablesen, es könnte das letzte Mal sein, viele Besucher blocke ich ab und kränke so manchen damit, ich bin viel zu erschöpft um Gespräche zu führen, irgendetwas zu wollen, wie viel Kraft hab ich noch für wie viele Hürden? Ist es wirklich schon zu spät?

Meine Venen sind in Kürze von der künstlichen Ernährung kaputt, die Arme in Topfen gewickelt, das Wasser ist wiedergekommen. Nochmals Punktion, nochmals die gleiche Menge. Wie oft wohl noch. Ich brauche einen Port, das ist ein künstlicher Zugang zu einer Zentralvene, der unter die Haut unterhalb des Schlüsselbeines eingepflanzt wird, man braucht dann nur mit einer Nadel dort anstechen bei Bedarf.

Ein Pfleger hält meine Hand und unterhält mich und im Nu ist der Eingriff vorbei. Drei Stunden später schüttelt mich plötzlich ein Hustenanfall, der nicht mehr aufhören mag und eine Atemnot erfasst mich, die mich panisch macht. Ein Pneumothorax klassischer Art wird diagnostiziert, zurück in den OP. Man hat mich über diese mögliche Komplikation aufgeklärt, dass beim Legen des Port die Lunge angestochen werden kann, ich bin einfach zu dünn, sagen sie. Aber wenn es weiter nichts ist; ein Loch wird in meine Pleura gemacht, ein fingerdicker Schlauch wird eingeführt und angenäht, der am anderen Ende in ein Wassergefäß mündet, die Luft wird abgesaugt, auf dass sich die Lunge wieder entfalte. Meine Schulter, mein ganzer Arm ist weich und schwammig, es knistert, wenn man draufdrückt, wie in einer Sodaflasche hat sich die Luft hier ausgebreitet, greift sich lustig an, alle wollen drücken, auch die Ärzte, wie sich das anfühlt, ich bin ein interessanter Fall.

Als nach zwei Tagen noch immer ein Erguss in der Lunge zu sehen ist, kommt die Motorabsaugpumpe in Aktion, sie zieht anfangs grauenvoll an meinem Beuschel und wenn ich ins Bad will, muss ich sie mitschleppen, sie wiegt bestimmt fünf Kilo, rechts hängt der Dauertropf mit dem Kalorien-Eutersack, die Tropfenzählmaschine piepst regelmäßig Alarm aus unerfindlichen Gründen, sie ist sehr sensibel, links hängt das gusseiserne, altertümliche Pumpgerät an mir dran, ein Bild für Götter, wenn ich mich durch den Raum bewege.

Plötzlich ertönt die Sirene. Feueralarm, es ist drei Uhr früh, ich schrecke hoch aus dem Schlaf, wie um alles in der Welt soll ich aus diesem Zimmer herauskommen, aus dem Fenster springen, mit dem Infusionsständer in der einen und dem skurrilen Bügeleisen in den anderen Hand, sollte ich mir alles herausreißen, dann ersticke ich in Kürze, alles egal, ich versinke wieder in den Schlaf. Es war ein nächtlicher Verkehrsunfall, kein Brand. Ich kann wieder lachen, über mich. Noch immer habe ich Fieber, vor allem abends und wahrscheinlich seit Monaten, trotz der Antibiotika. Jeden Morgen erwache ich in einem schwemmnassen Bettzeug, kalt-nass geschwitzt klebt mir der Pyjama am Leib von meinem Schwächezustand, als hätte ich in der Nacht den Mount Everest bestiegen

Die Lage bessert sich. Langsam. Eine Schar irdischer Engel versorgt mich bei Tag und bei Nacht, salbt mir die Füße und das Kreuz und freut sich mit mir über jeden der kleinsten Schritte. Die kleinsten Strohhalme genügen um wieder Mut zu schöpfen. Nach zwei Wochen sind die Werte halbwegs stabil, das Blutbild hält sich wacker im sehr relativen Toleranzbereich, das Gewicht ist gestiegen, langsam aber stetig, der Appetit ist gleich null, wenn ich das Essen nur rieche, wird mir schon schlecht, kein Wunder, mich nährt ja der weiße Kaloriensack, noch schau ich meinem eigenen Röntgenbild ähnlicher als der Person, die ich einst war, aber es ist nicht zu übersehen, es geht bergauf.

Das bedeutet grünes Licht für die Chemotherapie und tatsächlich kann ich es gar nicht mehr erwarten, wer hätte je das gedacht. Ich bin stark genug. Hoffentlich. Sie ist das Einzige, das mir geblieben und das Einzige, das mir helfen wird, sie wird nicht nur helfen, sie wird mich heilen, meine Zuversicht hat zugenommen, es wird eine harte Zeit werden. Ich habe keine Ahnung, was mich wirklich erwartet, das ist im Leben immer so.

Die irdischen Hausaufgaben sind zahlreich. Mit der Schule beginnt es. Beziehung, Ausbildung, Beruf, Partnerschaft, Haus bauen, Garten, Geld verdienen, sich selbst entwickeln, Atmosphäre schaffen, Kinder kriegen, Kinder großziehen, rund um die Uhr da sein, und dabei fit, klug, schön, erfolgreich und interessant sein. Und dabei sich selber nicht verlieren. Vieles davon hat gleichzeitig stattzufinden, und auf nichts davon hätte ich freiwillig verzichten wollen. Schließlich hat es auch meistens Spaß gemacht. Aber alles unter einen Hut zu bringen, ist, ehrlich gesagt, verdammt schwierig, und so manche Abstriche sind nötig gewesen. Bei allem Enthusiasmus und aller Euphorie des Jungunternehmens Familie scheint die Krise vorprogrammiert zu sein. Meine Entscheidungen sind nicht nur auf meinem Mist gewachsen, sondern aus der Situation heraus, aber in die habe auch ich mich gestellt. Die halbe-halbe Lösung war mein erklärtes Ziel, jeder der Partner macht halb Innendienst, halb Außendienst, ganz klar. In der Theorie bin ich blendend, Emanzipation war immer mein Thema, da bin ich sattelfest und die Doppelrolle der Frau hab ich als Kind meiner Mutter ausreichend studiert, die Praxis hat mich des Besseren belehrt, ich weiß bis heute nicht, wie manche Frauen Familie und Karriere vereinen ohne sich dabei ständig zu überfordern. Als sich die erklärte Aufteilung für undurchführbar erweist, melde ich mich freiwillig für den Innendienst. Und bereits morgens beim Übergeben des Kindes an die Kinderfrau bricht mir das Herz, obwohl sie die allerbeste ist, die auf Gottes Erdboden zu finden ist, ich schwöre es heute noch, eine bessere gibt es nicht. Ich denke ständig an das Wohlergehen der Kinder, wenn ich im Dienst bin, oder wenn ich zum Ausspannen endlich wieder einmal unterwegs bin, und der Gedanke sie alle drei auf Dauer den ganzen Tag jemand anderem zu überlassen beschäftigt mich, ich bin falsch programmiert. Dabei habe ich ein völlig falsches Bild von mir selbst. Wenn ich darauf angesprochen werde, welches Leben ich gern leben würde, fällt mir spontan ein: der Muse frönen, reisen, elegant genießen, sich daneben ein bisschen künstlerisch betätigen und dabei tolle Karriere machen, dazu müsste ich Millionärin sein und würde mich spätestens am dritten Tag langweilen. Wäre das die berühmte Selbstverwirklichung? Oder ein Scheindasein ohne Du. Es wäre ganz in Ordnung, denke ich, aber anscheinend habe ich mich irgendwann anders entschieden. Immerhin kommt es mir in den Sinn, dieses Bild, und es liegt diametral dem gegenüber, was ich lebe und bisher gelebt habe. Und doch hab ich das, was ich gelebt habe, mit Leib und Seele getan. Das meiste davon war Arbeit, nicht Muse, bis jetzt. Man bräuchte mindestens drei Leben gleichzeitig um alles unterzubringen, was man will. Es ist eine ständige Gratwanderung zwischen Sinn und Unsinn den goldenen Schnitt des Lebens zu treffen.

Keinen Auftrag muss ich mehr erfüllen, weder den meinen noch den der anderen, ich habe die letzten Monate überlebt, bis jetzt, alles andere ist so unwichtig geworden, null und nichtig wie noch nie, außerdem sind die Kinder längst groß, brauchen mich längst nicht mehr für ihr Leben, ich bin Freifrau, also was bitte soll das alles ausgerechnet jetzt. Jede Krise hat doch angeblich ihren Sinn und Zweck und davon gleich mehrere.

Im Bett neben mir liegt Paula. So wie sie im Bett liegt, eingegraben unter zerwühlten Decken mit einem eigenwilligen Haarschopf, der senkrecht in die Höhe steht wie bei Max und Moritz, und sich nicht rührt, nur kurz aufseufzt, denke ich, die ist uralt und schwerkrank, als ich das Zimmer betrete. Ich werde sehr leise sein, ihr geht es bestimmt nicht gut, damit sie ihre Ruhe hat, sie erwidert auch kaum meinen Gruß. Doch irgendwann plötzlich erhebt sie sich, blitzt mich an mit ihren großen, strahlenden, blauen oder waren es braune Augen und sagt hallo, ich bin die Paula. Na klar, denke ich selbstverständlich, sie ist die Paula. Sie erhebt sich, nimmt Form an, sie ist eher korpulent, es ist Liebe auf den ersten Blick. Wenn sie dann den Mund aufmacht, am Fenster sitzt und aus ihrem Leben erzählt, das tun nämlich alle, mit denen man nur zu zweit im Zimmer liegt, ist sie um zwanzig Jahre jünger, wenn sie sich ins Bett zurückschleppt, ist sie um vieles älter als sie tatsächlich ist, Tatsache ist, sie ist über achtzig. Ihr Humor und ihr Temperament sind unschlagbar, da kann ich mir noch eine dicke Scheibe abschneiden. Auch sie hat Unterleibskrebs und kennt das Leben mit Migräne. Gibt es vielleicht doch einen Zusammenhang zwischen diesen beiden Erkrankungen?

Wir beide haben Schmerzen, wir winden uns abwechselnd und wenn es dem einem gerade besser geht, unterhält er den anderen so gut er kann, wir brauchen uns nur anzuschauen und wissen Bescheid, wir rollen die Augen, wenn das Essen kommt, weil uns vor jeder Art von Nahrung graust, in der Nacht erheben wir uns stündlich, muntern uns auf, blödeln herrlich und bewegen uns abwechselnd Richtung Badezimmer, ich an meinem Ständer angelehnt und sie beinahe auf allen vieren.

Als bei ihr die Chemo zum ersten Mal in die Vene tropft und sie vor Angst fast vergeht, singen wir Arien und Lieder aus unsrem reichen Repertoire, damit die Zeit schneller vergeht, es sind qualvolle Tage und köstliche Augenblicke, wir haben ziemlich viel gelacht damals. Drei Monate später ist sie tot, ich muss oft an unsere gemeinsamen Tage zurückdenken, nur ein paar gemeinsame Tage waren es in unser beider Leben und schlimme Tage, doch mit ihrem Charme und Witz viel leichter zu ertragen, sie hat mich wieder zum Lachen gebracht, in einer Zeit, in der ich schon drauf vergessen hatte, ich werde noch oft an sie denken.

Es tropft. Der Tumor wird dahin schmelzen, hat die Oberärztin gesagt, diesen Satz wiederhole ich so oft ich kann, ich lasse ihn auf der Zunge zergehen wie Vanilleeis, diese Art von Tumor spricht besonders gut auf die Therapie an, hat sie gesagt und genauso stelle ich es mir vor, wie das Eis in der Sonne schmilzt und raus aus dem Körper, während ich den Tropfen zuschaue, wie sie auf mich herunterpurzeln. Ich habe mir das alles viel wilder vorgestellt. Der Saft von einem südamerikanischen Kaktus zuerst und anschließend Paraplatin, also Schwermetall, klingt nicht sehr gut, soll's auch nicht, Gift ist ja bekanntlich eine Frage der Dosis, wenn alles vorbei und der Zweck erfüllt ist, wird es irgendwann meinen Körper verlassen haben, es ist nur eine Frage der Zeit, vorher muss ich die Behandlung erst einmal ohne Schaden überstehen. Es ist eine klare Flüssigkeit und schaut völlig harmlos aus, ich spüre keinerlei Nebenwirkungen, während sie hinein rinnt und auch danach nicht, zuerst einmal zumindest, ich habe allerdings auch vorher, mittendrin und nachher jede Menge Mittel bekommen um die Nebenwirkungen erträglicher zu machen. Stolz und glücklich zugleich bin ich, das Leben hat mich wieder und ich habe wieder einen Weg vor Augen, auch wenn es noch ein langer werden wird. Spätestens in drei Wochen werden mir die Haare ausfallen, mit Sicherheit, hat man mir hier prophezeit. Ich kann mir nicht vorstellen, wie ich da ausschauen werde. Ist auch besser so.

Am nächsten Tag darf ich sogar nach Hause für drei Wochen bis zur nächsten Chemo. Mit weichen, unsicheren Knien nach all den Wochen im Bett, mit kurzem Atem und lauter großen, roten, heißen Flecken im Gesicht, die erste der Nebenwirkungen, verlasse ich das Krankenhaus, wir gehen sogar auf Kaffe und Kuchen, es ist ein neuer Geburtstag ganz im Stillen. Und sie war gar nicht so schlimm wie ich dachte, diese erste Chemo, sage ich. Kaum zu Hause angekommen beginnen Schmerzen, es tobt in meinem Bauch, als würde jemand mit einem spitzen Messer ununterbrochen umrühren, normale Schmerzmittel bewirken gar nichts außer einem flauen Gefühl im Magen, ich winde mich die ganze Nacht und innerhalb von zwölf Stunden bin ich zurück im Krankenhaus, ein kurzes Intermezzo. Woher der Schmerz kommt, ist unklar und untypisch, ich bekomme Morphium und spüre zum ersten Mal seit langer Zeit absolute Ruhe im Körper, ich kann mich entspannen und bin nicht einmal benommen dabei, es ist herrlich. Aber woher kommen die Schmerzen dann, wenn nicht vom Tumor? Es könnte ein beginnender Darmverschluss sein, dann würde eine Operation notwendig werden. Dann würde man auch gleich sehen, wie es da drinnen in mir ausschaut, neugierig wäre ich schon und auch wieder nicht, alles auf einmal operieren wäre wahrscheinlich gar nicht möglich und auf eine zusätzliche Darmentfernung habe ich auch keine Lust. Das Problem mit dem Darm löst sich, nicht aber der Schmerz, ich werde noch lange mein Morphium brauchen.

Zwei Wochen später beginnen tatsächlich büschelweise die Haare auszufallen, die Vorhersage war also doch richtig, insgeheim hatte ich gehofft, sie könnten sich auch irren, der Kopfpolster ist am Morgen übersät mit Haaren, es bleibt mir gar nichts anderes übrig, ich trete die Flucht nach vorne an, die verbleibenden dünnen Federn werden abrasiert und für den Notfall gibt's eine Perücke. Es macht mir gar nichts aus, habe ich vorher lässig behauptet, ich wollte schon immer einmal eine Glatze haben, ausprobieren wie das ist, ohne Stress mit Frisur und so. Jetzt, wo es soweit ist, ist es ein schmerzlicher Verlust, Verlust von Weiblichkeit und eine Identitätskrise, weil einen plötzlich alle anstarren, es ist härter, als ich dachte, anfangs. Die Perücke ist heiß und drückt bei längerer Benützung, es ist ein einziges Zupfen und Ziehen und obwohl sie gut sitzt, kommt es mir vor, als wäre ich nicht ich, so künstlich komme ich mir vor, so wie gleich nach dem Friseur, dann zerrupfe ich sie, was auch nicht sehr natürlich aussieht, da drehen sich kleine Löckchen ein, die schon gar nicht so aussehen, wie ich aussehen möchte. Was soll's, ich gewöhne mich langsam an die Glatze, manche sagen, du schaust aus wie eine tibetanische Nonne oder wie die kleine Schwester vom Gandhi.

Ohne Haare ist es schrecklich kalt, inzwischen ist der Winter eingekehrt im Land, der nackte Hals und Kopf friert entsetzlich, nämlich nicht nur im Freien, da setze ich eine Mütze auf, sondern sogar im Haus, ich bin das lebende Barometer für jede offene Tür, ich kann doch nicht im Haus ständig mit einer Mütze am Kopf herumlaufen, das schaut doch albern aus, nein, nur in der Nacht gibt's eine Haube. Und dieses Frieren trägt zum allgemeinen Frieren bei, ich kann mich kaum erwärmen, am schönsten ist es in der Badewanne. Selbst wenn heute sogar Frauen mit Stoppelglatze herumlaufen, für mich ist es gewöhnungsbedürftig, weil nicht freiwillig, und weil jeder weiß warum, man fühlt sich so verletzlich, nicht nur am Kopf, sondern in der Seele und letztendlich bin ich doch weit und breit die Einzige, die so herumläuft mit ihrer Vollglatze, ein hartes Training für das Selbstbewusstsein. Kein Haar am ganzen Leib und eine seltsam glatte, stumpfe Haut, nackt sehe ich aus wie ein Wesen vom Mars.

Nach der zweiten Chemo verschwindet das restliche bisschen Wasser komplett aus meinem Bauch, es ist fantastisch, direkt eindrucksvoll, binnen einer Nacht. Am ersten und am zweiten Tag nach der Behandlung bin ich noch ganz fit, da fahre ich schnell nach Haus, da decken die Begleitmittel noch alle Nebenwirkungen ab, am Ende des zweiten Tages geht's dann richtig los, innerhalb von Minuten beginnt der Kopf zu hämmern und mir wird sagenhaft schlecht, nach jeder Chemo ärger, die darauf folgenden Tage verbringe ich regungslos im Bett, das höchste der Gefühle ist der Gang aufs Klo, vorne und hinten, oben und unten versucht der Körper sich dessen zu entledigen, was zuviel des Guten, was nicht zu ihm gehört und ich hoffe, dass die Krebszellen gleich massenweise mit hinaus schwimmen, so stell ich mir das vor. Da liege ich im dunklen Zimmer, als wäre ich bei lebendigem Leib tot, so schwach, als hätte ich nicht einen Muskel mehr an mir und keinerlei Saft in den Adern, hoffe, dass mich niemand anredet, mich niemand besucht, dass der Tag bald vergeht und ein neuer, besserer folgt. Nach jeder Chemo wieder kommen die Schmerzen im Bauch, auch wenn sie schon ganz verschwunden waren, nur inzwischen kann ich schon gut umgehen damit, nach jeder Chemo kommt das Kribbeln in den Beinen, die Muskel ziehen und spannen, dass sie dauernd bewegt werden wollen, ich kann sie nicht ruhig halten, vor allem nachts ist es am ärgsten, eine Neuropathie, das restless legs-Syndrom hat mich wieder, nach jeder Chemo kommt diese totale Schwäche, nicht irgendein Teil von mir ist schwach, es ist jede Faser an mir, auch der Geist, hat überhaupt keine Lust zu denken, und die Seele liegt im Koma, wartet auf bessere Zeiten. Häufig stellt man mir die Frage, womit vertreibst du dir den langen Tag, wo du jetzt Zeit hast wie noch nie, meine stereotype Antwort lautet jedes Mal, ich bin so schwach, dass ich noch nicht einmal darüber nachdenken konnte, das ist man nicht gewohnt von mir, nicht einmal ich von mir. Deshalb gehe ich mir manchmal selber auf die Nerven, wenn ich nur herumliege. Zum Entgiften bekomme ich homöopathische Infusionen und Akupunktur. Nach etlichen Tagen erhebe ich mich, die Kräfte steigen unmerklich, aber doch stetig von Tag zu Tag, kleine Spaziergänge sind dann angesagt, maximal eine halbe Stunde, ich habe mich wieder etwas erholt, gerade rechtzeitig, denn in ein paar Tagen ist schon wieder die nächste Chemo fällig, alle drei Wochen beginnt das Spiel von Neuem.

Und sie wirkt phänomenal. Ich bin begeistert und alle mit mir. Der Tumormarker, der über dreitausendfünfhundert angestiegen war, zuletzt hatte ich es vermieden überhaupt davon zu erzählen, ist in den Keller gefallen, hat sich selber erhängt, von Mal zu Mal sinkt er um Tausend- und Hundertschaften, alle sind so froh, und er dient zum Anhalten, der Parameter für das Fortschreiten meiner Genesung, das tut auch der Seele gut, irgendwann in diesen Wochen ist auch das rätselhafte Fieber verschwunden, das Wasser ist nie mehr wiedergekommen und sogar das Morphium habe ich problemlos abgesetzt, die Stiche, die alles ins Rollen brachten, sind verschwunden, trotz Chemo bin ich stärker als Wochen, Monate zuvor, da kann man die Nebenwirkungen leicht in Kauf nehmen, außerdem lerne ich jedes Mal dazu, nach der fünften oder sechsten habe ich die Übelkeit und die Unruhe im Griff, schließlich ist nur mehr die Schwäche übrig geblieben, die muss ich mir wohl noch länger behalten.

Ich kann mich wieder vorsichtig im Spiegel betrachten, mein Körper ist noch etwas flach, doch annähernd in seine alte Form zurückgekehrt, ein paar Kilo fehlen noch. Ein seltsames Gefühl war es, seine Körperlichkeit, an die man gewohnt und mit der man zufrieden war, einfach abgeben zu müssen an eine höhere Gewalt, so wie den Mantel an der Garderobe. Die Seele ist müde, weil alles schon so endlos lange dauert, weil der Albtraum endlich ein Ende haben soll, ein bisschen Geduld werden wir noch brauchen.

Die nächste Welt ist zusammengebrochen, auch ich bin ausgezogen, ich hätte doch nicht gleich heiraten müssen, meint sie, Freunde und Liebhaber waren immer willkommen in ihrem Haus, aber wenn es dann ernst wurde, drohte Gefahr für sie, wieder eines der Kinder zu verlieren. Wir sind ins Salzkammergut gezogen, weit weg und in die Natur pur. Das ist schon ein paar Jahre her. Sie erobert inzwischen sämtliche Kontinente im Alleingang und im Flug, durchquert Amerika von Ost nach West und in der Gluthitze der australischen Wüste brät sie die Spiegeleier am Autodach, geht bergsteigen, geht arbeiten und ist aktiv wie eh und je, eine Power, von der ich nur träumen kann. Ich hab mich schon als Kind oft gefragt, wie sie das alles schafft. Mag sein, dass sich mancher davon erschlagen fühlte. Aber in letzter Zeit ist sie oft müde, von einer Lungenentzündung erholt sie sich nur langsam, sie wird wegen kolikartiger Schmerzen im Oberbauch Galle operiert. Das ist im Mai. Aufgemacht, zugemacht, keine Galle, sondern Krebs im fortgeschrittenen Stadium, überall, inoperabel, ausgehend vom Eierstock, aber sie weiß von nichts, man hat es im Krankenhaus in Absprache mit den Angehörigen vorgezogen, sie nicht mit ihrer Krankheit zu konfrontieren. Das war damals durchaus noch üblich. Keine Therapie und ein schwieriges Gespräch weniger. Nach einer Woche ist sie in ahnungslos guter Laune wieder zu Haus. Die Beschwerden verschwinden nicht, sie werden ärger, so was kommt vor bei Galleoperierten, eine Art Phantomschmerz, alle spielen Theater und alle spielen mit. Sie lässt nicht locker gemäß ihrer Art, so war sie immer, irgendjemand auf dieser Welt muss schließlich wissen, was sie hat, irgendeinen Bauchspezialisten wird sie aufsuchen und wenn sie bis nach Amerika fahren muss. Immer wieder stellt sie hartnäckig dieselben Fragen, immer wieder kommen die gleichen fadenscheinigen Antworten, das wird schon wieder. Wir lassen Befunde fälschen, damit sie die Wahrheit nicht erfährt, wer weiß, vielleicht springt sie wo hinunter, wenn. Sie kommt mich besuchen, wir machen eine kleine Wanderung, alle hundert Meter setzt sie sich nieder, ein stechendes Kribbeln in den Beinen wird ihr unerträglich. Ich kann ihr nicht mehr in die Augen schauen, auch für mich wird die Situation unerträglich, sie tut mir so leid und ich fühle mich feige, schuldig und verlogen. Ich weiß überhaupt nicht mehr, was ich mit ihr reden soll und darf. So geht das bis September, wo sie noch stolz erklärt, dass sie sich entschlossen hat in Pension zu gehen. Bis sich endlich die Hausärztin mutig über die Familie hinwegsetzt und ihr sagt, was sie hat, was los ist, es ist ein entsetzlicher Schock, sie sperrt sich einen Tag lang ein, es ist eine Erlösung für uns alle, wir können wieder miteinander reden, Gefühle zeigen. Und sie ist nicht gesprungen, oder waren nur wir zu feige für die Wahrheit?

Sie liegt im Bett, wir geben uns die Tür in die Hand, sie meint, dass sie satt ist vom Leben, weil sie alle Höhen und Tiefen durchlebt hat, sie kann gehen, wenn es sein muss, es ist trotzdem unendlich traurig Abschied zu nehmen, so bewusst, es ist gleichzeitig schön sie zu begleiten im Wissen, dass es die letzten Tage sind, Weinen und Lachen, dazwischen Schweigen wechseln sich ab. Sie erzählt von den letzten Tagen ihrer Mutter und wie sie elend zugrunde gegangen ist, am Pankreaskarzinom, das waren ihre Worte. Und Krebs wohin du schaust, in weiblicher und männlicher Linie über Generationen hinweg. Sie ist die erste ihrer Generation und die jüngste von den drei Schwestern. Die tägliche Mistelspritze und das Überwachen der Temperatur sind ihr Ritual, aber ihr Zustand wird jeden Tag schlechter. Es geht verdammt schnell. Ich weiß nicht, ob sie nicht doch noch hofft. Sie wünscht keine Besuche mit Ausnahme ihrer Kinder, die Enkelkinder sollen sie anders in Erinnerung behalten, selbst ihre Schwestern wissen von nichts. Wir kochen herrliche Speisen, weil sie sich so darauf freut, sie bringt kaum mehr als einen Bissen hinunter, sie kommt gerade noch bis ins Bad und zurück mit eiserner Disziplin, ihr Anblick ist zum Schaudern, das weiß sie, abgemagert bis aufs Skelett, schlappe Haut mit tausend Falten und ausgemergelte Knochen, das Gesicht ist hohl eingefallen und in der Mitte des Körpers dieses grauenvolle schwabbelige Etwas, das einen ständig an den Tod erinnert, es ist nicht zu übersehen. Wenn der Druck des Bauchwassers zu schlimm wird, fahren wir wieder zur Punktion, mit großen Scheinen in der Tasche, weil das von den geistlichen Schwestern erwartet wird, sonst kannst du ewig warten, bis du drankommst.

Bei allem Humor, es könnte der Zeitpunkt kommen, dass sie nicht mehr kann und will, meint sie, man weiß ja nicht, es könnten noch Tage, Wochen, ein bis zwei Monate sein. Das ist Anfang November. Die Schmerzen halten sich in Grenzen, trotzdem behalte sie sich die Freiheit vor, ihr Elend abzukürzen, eventuell, falls sie dazu imstande sein sollte, das zu tun. Das heißt aktiv zu sterben, wenn der Zeitpunkt für sie gekommen ist und sie hat für diesen Fall vorgesorgt. Wir, die Kinder, wissen Bescheid, sind einverstanden, ich bewundere ihren Mut, sie will allein sein dabei, wenn es dazu kommen sollte, es ist schließlich ihr Wille und ihr Tod und trotzdem sind wir überrascht, als es passiert. Mein Bruder und ich halten Wache, als sie im Koma liegt. Ein endloser Tag und eine endlose Nacht, endlose Pausen zwischen jedem ihrer geräuschvollen Atemzüge, bis sie sich am nächsten Morgen ein allerletztes Mal kurz aufrichtet und für immer in Stille versinkt, unsre größte Angst war, sie könnte wieder zu Bewusstsein kommen und einen Gehirnschaden erlitten haben. Was dann! Wir sind direkt erleichtert, als es so absolut still wird und verharren noch eine ganze Weile wie gelähmt an ihrem Bett, bis wir uns von ihr ihrem Körper endgültig verabschieden müssen. Wir haben auch Angst, dass uns jemand zur Rechenschaft ziehen könnte für ihr selbst inszeniertes Ende, doch diese erweist sich als grundlos, denn bei diesem Anblick schöpft niemand Verdacht. Das ist der Abschied von meinem Elternhaus. Meine Schwester liegt in den Wehen zum zweiten Kind, seit Tagen.

Der Vater hingegen reist all die Jahre im Kopf durch die Weltgeschichte, in seinem Haus im Wald am Fluss, er stirbt ein Jahr zuvor im Krankenhaus. Erst im Nachhinein habe ich von seinem Tod erfahren, seine letzten Worte, die er niedergeschrieben hat, sind: erlöst, endlich frei.

Das Unentwirrbare endlich zurücklassen?

Es gibt einen Bluttest. Der macht Sinn, wenn zwei unmittelbar Verwandte an demselben Krebs erkrankt sind, dann kann man untersuchen lassen, ob ein Vererbungsfaktor vorliegt oder nicht. Nun kann es sein, dass trotz Vererbungsfaktor, sprich Genschaden, die Krankheit gar nicht zum Ausbruch kommt, die Chancen stehen fünfzig zu fünfzig, wozu also die Verunsicherung, dann muss ich erst gar nicht verdrängen, was ich nicht weiß. Andrerseits, was kann ich denn bei potentiellem Eierstockkrebs schon großartig vorbeugend tun außer gesund zu leben und zur Vorsorgeuntersuchung zu gehen und das tu ich sowieso und habe es immer getan, und in meinen Fall weiß ich ja ohnehin schon, dass ich daran erkrankt bin, was also bitte nützt es mir zu wissen, ob durch Zufall oder Programmierung, für mich lässt es sich auch nicht mehr ändern. Andrerseits lässt es mir keine Ruhe, ich habe zwei Töchter, sie könnten sich selber besser beobachten als ich es getan habe, denn ich hatte nie eine Krebsphobie, so etwas hatten immer nur die anderen, bis es mich selber traf, ich war bloß in letzter Zeit oft sehr müde, ich habe auch zu viel gearbeitet und schließlich wird man älter, da darf man. Darf man nicht, weiß ich heute, denn ein gesunder Mensch ist auch mit achtzig frisch und munter.

Man könnte den Tumormarker ab einem gewissen Alter, wann auch immer, routinemäßig kontrollieren lassen und man könnte routinemäßig die Eierstöcke entfernen lassen, wenn sie nicht mehr gebraucht werden, warum denn nicht, wenn es das Leben rettet. Man könnte das alles auch tun ohne zu wissen, ob oder ob nicht, denn schließlich besteht die Gefahr ebenso für jeden weiblichen Normalbürger, wenn auch nicht in gleichem statistischen Maß, wobei die Prozentzahl irrelevant ist, wenn es dich persönlich trifft. Die allgemeine Krebsrate ist weltweit am Steigen. Und so entscheiden wir gemeinsam Blut einzuschicken, entscheiden, was wir mit dieser Entscheidung anfangen, dazu ist noch lange Zeit. Schließlich hätte ich doch genauso gut am

Lymphom aus väterlicher Linie erkranken können. Die Antwort auf den Bluttest kann bis zu einem Jahr dauern, desto länger man nichts hört, desto besser.

Überrascht bin ich, als der Primar zur Operation rät. Ich hatte naiv gedacht, ich könnte nur mit der Chemo allein ans Ziel gelangen, weit gefehlt. Die Kontrollen, das heißt die Bild gebenden Verfahren zeigen bei mir wenig an bis auf den einen Tumor, der bekannt ist, und selbst der ist deutlich auf drei Zentimeter geschrumpft, trotzdem, gerade deswegen macht eine Operation Sinn im Sinne der Verringerung von Tumorgewebe, dann hat die Chemo nicht mehr so viel zu tun, ist effektiver. Und je länger ich mit dem Gedanken spiele, umso notwendiger erscheint mir der Eingriff. Nach einiger Zeit beginne ich sogar darauf zu drängen, weil, was ich nicht abwenden kann, will ich nicht aufschieben, will ich lieber so bald wie möglich hinter mich bringen, der Zeitpunkt scheint günstig und ich fühle mich kräftig genug. Zu diesem Zweck wird ein Termin beim gynäkologischen Kollegen vereinbart, dem die Sache überhaupt nicht gefällt, bei dieser Anamnese und nach einem Jahr, es könnte leicht sein, dass er nur hineinschaut und die Finger davon lässt, aufgemacht und schnell wieder zugemacht. Für den Chirurgen zweifelsfrei keine sehr angenehme Angelegenheit. Bei Krebs weiß man nie, was einen erwartet. Er behält sich zuerst einmal nur die Laparoskopie vor, das hätten wir vor einem Jahr auch schon gehabt, da hat die Angelegenheit wohl noch wesentlich besser ausgesehen, auch wenn man in Computertomografie und Ultraschall derzeit nicht allzu viel sieht, auf den bildgebenden Verfahren sieht man prinzipiell zu wenig bis gar nichts, hat absolut keine Aussagekraft, da zählt die Erfahrung, es könnte leicht alles voll von Tumoren sein, die Wahrscheinlichkeit ist sogar sehr groß, die Bauchwände wirken verdickt, man kennt das aus Erfahrung. Sollte es wider Erwarten doch operabel sein, dann würde der

Schnitt über meine ganze Vorderseite, vom Schambein bis zum Brustbein verlaufen, sicher ist sicher, dass Blase und Darm betroffen sind, ist ebenfalls anzunehmen, und die Möglichkeit eines künstlichen Darmausgangs ist nicht auszuschließen, mit ein paar Tagen auf der Intensivstation sei zu rechnen. Meine Hoffnungen schwimmen den Bach hinunter, ich fühl mich an die Wand geknallt, schlagartig bin ich völlig demoralisiert; selber schuld, wahrscheinlich hat er Recht, schüchtern versuche ich mich zu rechtfertigen, meine Fragen, die ich mir im Geiste vorbereitet hatte, bleiben mir als Klotz im Hals stecken, ich versinke in Schweigen, wenn auch in mir alles schreit. Alles ist aus. Wäre ich nicht gerade stationär aufgenommen hier, hätte ich Lust gleich nach Hause zu gehen und gar nichts mehr zu unternehmen, mir Trost zu holen von den Meinen, Trost, den es gar nicht gibt, egal, weil für mich sowieso alles Weitere sinnlos ist, beziehungsweise schaut es nur mehr nach einem trostlosen Kampf über Monate aus, im besten Fall ein bis zwei Jahre, wenn überhaupt, bis die Chemo, das Einzige, was geblieben ist, nicht mehr greift, und nur die einzige Hoffnung bleibt, dass es schnell gehen möge. Inzwischen habe ich sie aus der Nähe kennen gelernt, diese Lebensgeschichten und diese Menschen, die hier seit zehn Jahren und mehr ein und aus gehen, die Therapien nicht loskriegen, sechzig, ja hunderte Chemos oder und Bestrahlungen erduldet haben und alles immer schlimmer wird, weil der Körper keine Kraft mehr hat. Und immer wieder, wenn ich wiederkomme, ist eine Seele weniger, mit der ich schon das Zimmer geteilt habe. Die, die es schaffen, die trifft man hier nicht mehr, ich weiß aber, dass es sie gibt. Um in diesem Moment seelisch zu überleben, beschließe ich zu glauben, dass es nicht so schlimm werden wird und man letztendlich erst eine Aussage wird machen können in dem Augenblick, wo man in meinen Bauch hineinschneidet und hineinschaut. Ich muss es wagen auch mit diesen Aussichten, mit denen leben zu wollen ich mir gar nicht so sicher bin, nichtsdestotrotz es bleibt eine Restchance, die ich versuchen muss. Mir bleiben auch diese meine eigenen Sätze im Hals stecken, wo ich vor einem Jahr noch großartig von Verantwortung tragen für mich selbst und Ähnlichem gefaselt habe, was nicht alles man sich doch einbilden kann, so stolz war ich auf meine Entscheidung und so sicher, dass die Naturheilkunde und die Alternativmedizin das bisschen Krebs längst beseitigt hatte, weil auf den Bildern keine Veränderung zu sehen war. Ich habe es nicht besser gewusst oder wollte es nicht besser wissen.

Der Termin für die Operation wird festgelegt, genau ein Jahr nach dem ersten, ein verdammt langes Jahr, in dem viel von Heilung die Rede war, inzwischen erscheint mir skurril, woran ich fähig war zu glauben, nicht alles, was ich versucht habe, aber vieles davon, was Heilung versprach, erscheint mir heute dubios. Die Vorbereitungen für die Operation sind schon im Gang. Wieder im Krankenhaus, drei Tage vor dem Tag X, ich bin schon sehr häuslich und vertraut hier, die innere Spannung steigt, meine einzige Aufgabe besteht einzig und allein darin Gelassenheit zu üben, ich bin froh, dass die Zeit des Wartens zu Ende geht, ein Tag noch, dann Augen zu und durch durch die Gasse. Ich würde lügen, wenn ich behauptete, dass es mir egal ist, dass es erst jetzt geschieht, dass längst alles weit hinter mir liegen könnte, dass ich bereits wieder körperlich fit wäre, wieder arbeiten gehen könnte, Haare am Kopf und Muskel an den Beinen hätte und von Therapien erlöst wäre, vielleicht. Die einzige Angst, die ich bezüglich der Operation wirklich habe, ist die, dass ich beim Aufwachen erfahre, dass ich einen so genannten Notausgang, einen künstlichen Darmausgang, bekommen habe, was dann, weiß ich noch nicht, alles andere ist im Vergleich dazu zu schaffen, denke ich, ich weiß gar nichts, wieder einmal. Das andere kann sein, dass ich nicht mehr aufwache, das ist okay. Oder dass man soviel weg geschnitten hat, dass ich

Probleme bei den einfachsten Funktionen des Körpers im täglichen Leben habe, dass ich ein Pflegefall geworden bin, der Preis dafür, dass der Müll endlich heraußen ist, an viel mehr will ich gar nicht denken. Ich will an gar nichts denken.
Noch einmal habe ich Paula besucht, sie kämpft um Gnade.

Wir machen einen Ausflug ins Grüne, A. fährt, ich sitze hinten. In einem Miniauto. Da fällt mir ein, dass ich meine Infusionsflasche im großen Auto vergessen habe, macht nix, ich brauch sie ja nicht mehr so dringend, bin ja schon fast gesund und am Abend zu Hause ist auch noch Zeit dazu. A. macht einen Abstecher und fährt mitten über die grüne, holperige Wiese querfeldein über einen winzigen Feldweg, gerade recht für diesen kleinen Wagen, sie zwängt ihn durch eine Absperrung durch, das Auto verbiegt und verbeult sich, der Bauer kommt gelaufen, schreit und schimpft mit uns; er soll sich nicht aufregen, solange ihr Auto noch fährt, kann es nicht so weit fehlen, meint sie. Halt, schreit sie, das nehmen wir auch noch mit und drückt mir ein zerbeultes, aber noch nasses, lackiertes, großes, gelbes Ersatzteil in die Hand, sodass ich hinten kaum mehr sitzen kann, und wir suchen das Weite. Fröhlich poltern wir mitten über die Felder, über bunte Blumenwiesen und zwischen den Bäumen im Slalom durch den Wald durch, keiner weiß wohin. Es ist strahlendes Wetter. Bei einem alten Schuppen machen wie Rast, zwei alte Leute sitzen stumm davor, neben ihnen liegt etwas, das aussieht wie eine alte, verrottete Leiche, bei näherer Betrachtung sind es aber nur alte, verrottete Holzstücke, die in der Form eines Leichnams aufgelegt sind, ich will trotzdem gleich weiterfahren. Am Ende der Wiese finden wir die Reste eines Kirtages, Ringelspiele stehen verlassen in der Gegend herum, wir steigen in eines mit Flugzeugen, die sich drehen, auf und ab bewegen und spielen Abschießen. Ein lustiger Tag geht dem Ende zu.

In diesem Augenblick werde ich abgeholt mitsamt meinem Bett. Es geht los.

Noch sehe ich ganz verschwommen und höre rund um mich viele, sehr laute Geräusche. An der Glaswand vor mir spiegeln sich bunte Lichter, ich weiß weder wo ich bin, noch wie spät es ist, neben mir nur weiße Stoffwände. Sie hat mein Erwachen bemerkt, wie es mir geht, fragt sie, ich bekomme schwer Luft, der Lärm rundum hämmert überdimensional auf mich ein, und dann höre ich die Stimme von G.: so war es ausgemacht, plötzlich erinnere ich mich, die Operation! Kein künstlicher Ausgang, flüstert er mir in diesem Augenblick zu, wo ich noch gar nicht darüber nachgedacht, nachgefragt hatte, vorweggenommen. Das ist alles, was ich zu diesem Zeitpunkt wissen wollte, ein riesengroßer Stein fällt von meinem Herzen, da geht es mir gleich viel besser, ich bin so erleichtert und glücklich, es ist geschafft. Sie haben mich doch operiert! Sie haben das Unmögliche vollbracht. Ich bin so dankbar, obwohl ich noch gar nichts Genaueres weiß. Ich bin auf der Intensivstation, jetzt weiß ich es, zusammen mit einigen anderen. Meine Erinnerung kommt zurück. Wenn ich mich nur leise räuspere, kommt die Schwester gelaufen um nach mir zu sehen, eine Schwester für zwei Patienten, das ist der reinste Luxus. Sie macht ihre Arbeit mit großer Achtsamkeit, ob ich was brauche, fragt sie, das Atmen macht mir schwer zu schaffen, an neun Kabeln werde ich überwacht, vier bunte Schläuche hängen an meinem Hals herunter, das sind vier neue Löcher in meine Blutbahn, damit der Port geschont wird für die Chemo, neun Stunden war ich in Narkose, neun Stunden lang hat ein ganzes Team im Wechsel das Meisterwerk vollbracht an mir. Es dunkelt schon wieder, er hält wortlos meine Hand. Irgendwann dann muss er gegangen sein, ich habe es gar nicht bemerkt. Aus meiner Perspektive sehe ich nur die Monitore an der Wand, die Kabel über mir und ab und zu ein Gesicht, das vorbeihuscht. An den Stimmen erahne ich die Anzahl und den Schmerz derer, die mit mir die schwere Stunde und das Zimmer teilen. Die ganze Nacht hindurch ist Bewegung im Raum, ein Stöhnen und ein Hilferufen, erst gegen Morgen raubt mich der Schlaf hinweg. Man weckt mich zum Waschen, die Schmerzen sind gut erträglich, siebzehn Jahre schon arbeitet sie hier auf dieser Station und würde nicht tauschen wollen, sie hat gute Nerven, denke ich, wir plaudern über das Reisen, sie schwärmt von einer Reise durch Vietnam.

Ich bin zurück am Zimmer, zurück in die Ruhe gekehrt. Ich höre ganz deutliche regelmäßige Atemgeräusche neben mir, im Bett nebenan, es ist mitten in der Nacht, womöglich habe ich verschlafen, dass jemand angekommen ist, ich mache Licht, seltsam es ist niemand da. Was alles ist passiert mit mir, viele Fragen erheben sich mitten in der Nacht, was alles hat sich verändert, ich beginne mich vorzutasten, langsam mein Leben erst wieder wahrzunehmen, senkrecht über die Bauchmitte verläuft ein glatter Schnitt, der im Begriff ist wunderschön zu heilen, sagen sie, an meiner Seite hängt ein Harnsackerl, voraussichtlich noch zehn lange Tage, neben meinem rechten Ohr hängen die vier bunten Schläuche herunter, über mir baumelt die Nahrung, ich bin eine einzige Baustelle. Fünfundneunzig Prozent Krebs konnten entfernt werden, dabei ein Stück vom Darm, auch die Blase ist verletzt. Für die restlichen fünf Prozent bleibt die Chemotherapie, weiter hoffen und vertrauen, es gäbe noch eine spezielle, schwierige Operation, am Zwerchfell, man wird sehen. Vorerst einmal bin ich selig, dass es geschehen durfte und die Heilung so gut verläuft. Nur die Dauerschmerzen sind an der Grenze des Erträglichen, theoretisch müssten sie von Tag zu Tag leichter werden, aber meine werden schlimmer, die meisten brauchen dafür ein paar Tage und manche brauchen überhaupt keine Analgetika, man sollte doch mit möglichst wenig auskommen wegen der Nebenwirkungen und so, erklärt man mir. Redlich bemühe ich mich darum, doch die Mittel, die ich bekomme, halten eine halbe Stunde an, dann geht der Horror von vorne los, dann muss ich wieder kämpfen oder die Schwester bemühen, ich hätte sogar mein Morphium mit Langzeitwirkung mitgebracht, will aber nicht drein pfuschen.

Nach drei Tagen bin ich völlig zermürbt, ich liege nur mehr kerzengerade im Bett, versuche mich nicht zu bewegen, es bleibt mir ja auch der Gang aufs Klo und der zum Essen erspart, ich sollte mich aber bewegen, für den Heilungsprozess raus aus dem Bett und am Gang spazieren gehen, ich bin nur mehr am Heulen, am Durchdrehen, am aus dem Fensterspringen, was ich jetzt endlich auch lauthals verkünde. Jetzt endlich bekomme ich mein Morphin. Erst tags darauf bemerke ich, dass ich im ersten Stockwerk liege, ich wäre nicht tief gefallen, ein Katzensprung, mir ist wieder nach Lachen und die ärgste Qual ist vorbei. Ob ich öfter depressiv bin? fragt man mich. Öfter nicht, aber diesmal war ich es bestimmt und das ist auch kein Wunder. Die doppelte Dosis habe ich verbraucht bis endlich die Schmerzen abgedeckt waren, entweder ist meine Schmerzgrenze so niedrig oder die Sache mit der Dosierung ist eine so individuelle. Die Lehre daraus ist, ich habe noch immer nicht gelernt meine Bedürfnisse rechtzeitig und laut genug kundzutun.

Das mühsame Zurückgewinnen des eigenen Körpers steht wieder am Programm, winzige kleine Gehversuche eingehängt am Gang, ein paar Meter sind eine Qual, Blase und Darm sind beleidigt, funktionieren noch nicht so wie vorher, ich hoffe nur, es bleibt nicht so, in winzigkleinen Schritten geht es bergauf, von jetzt an darf es nur mehr bergauf gehen, zum ersten Mal mache ich mir selber faustdicke Vorwürfe, Gedanken drängen sich auf, warum nicht alles schon vor einem Jahr; aber vielleicht hat alles zusammen doch irgendeinen Sinn gehabt, den ich heute noch nicht erkennen kann. Bestimmt.

Zu Weihnachten darf ich nach Hause, die Schwäche in mir ist so groß, unübersehbar auch in mein Gesicht geschrieben, ich bin wieder weit zurückgeworfen, habe mir alles leichter vorgestellt, der Eingriff war größer als ich gedacht. Endlich geht dieses Jahr zu Ende, mit einer kleinen Hoffnung auf Neubeginn, auf das Ende einer Odyssee. Absolut nichts Positives kann ich im Moment an dieser Verirrung, meiner verblödeten Fehlentscheidung erkennen, von mehr Glück als Verstand kann ich reden, sollte ich das hier durchstehen ohne Folgen, wie viel Kraft und Mut hatte ich investiert und verloren. Fünf Kilo habe ich wieder verloren, bin wieder abgezehrt mit eingefallenen Augen, die gestörte, noch nicht kontrollierbare Darmfunktion quält mich, keine Figur, keine Haare an Kopf und Leib, Narben am ganzen Körper und voll innerer Verzweiflung. Ich wünschte, ich hätte die Kraft, mit der ich vor einem Jahr angetreten bin! Mein Selbstwert ist im Keller, den gibt es gar nicht mehr. Ich will es dennoch schaffen. Es ist das allererste Mal, dass ich bewusste, echte Todesängste habe, ich stelle mir lebhaft mein eigenes Begräbnis mit Kindern und Verwandten vor und denke, dass es unter Umständen meine letzten Weihnachten waren, dass meine letzten Kräfte schwinden könnten, verrückt eigentlich, gerade jetzt, wo dieser große Schritt getan, verlässt mich vollkommen die Hoffnung.

Dieser neue Schmerz ist anders, punktuell und genau dort, wo der Blinddarm sitzt, oder wurde der bei der Operation entfernt? Nicht, dass ich wüsste. Ein Schmerz, der sich schneidend im rechten Unterbauch meldet, obwohl ich noch unter Morphin stehe; ich bin bestimmt kein Hypochonder, kaum zu Hause melde ich mich auch schon wieder im Krankenhaus zurück, es ist kurz vor Silvester, die Vision, drei Wochen danach in diesen wunden Bauch gleich wieder hinein zu schneiden vor Augen.

Diesmal doch habe ich Glück, sowie er gekommen ist, der Schmerz, ist er wieder verschwunden, kein Blinddarm jedenfalls, den besitze ich noch immer, wie man mir versichert hat.

Fünfundzwanzig Jahre Ehe sind eine verdammt lange Zeit. Und das mit der Ehe ist ein eigenes Kapitel. Indem man unterschreibt, fühlt man anders, man unterschreibt einen Pakt der Liebe und eventuell ist der gar nicht so gut für die Liebe, zumindest nicht für alle Situationen, die da kommen, die unterschiedlichsten Abschnitte eines Lebens miteinander, einerseits nimmt er, der Vertrag, ihr, nämlich der Liebe, ein bisschen von dem Zauber des scheinbar Ungewissen, dem Reiz des ständig zu Eroberndem, man meint sich nicht mehr so bemühen zu müssen, die Sache nützt sich schneller ab in der vermeintlichen Sicherheit, die es gar nicht geben kann, sobald das Ja-Wort gesprochen ist. Dazu kommt, dass man sich selbst streckenweise begrenzt und sich gegenseitig begrenzt fühlt. Ein widersprüchliches Wechselspiel der Gefühle mischt sich ein. Das öffentliche Siegel drückt dem Ganzen noch den Stempel der Pflicht auf, was ein schwereloser Tanz sein sollte, oh wenn ich dich nur halten könnte. Für mich ist es ein Seiltanz. In Wirklichkeit gibt es keine Patentlösung, weder so noch so, ein bisschen Glück und Durchhaltevermögen, vielleicht ist alles Zufall, sicherlich von A bis Z für jeden etwas anderes.
Der Aufbau der Existenz, der eigene Platz in der Gesellschaft, zwanzig Jahre lang Brutpflege mal drei, die Rollenspiele der Geschlechter setzen der Partnerschaft trotz vieler Gemeinsamkeit und schöner Zeiten hart zu, es ist ein Taumeln in den Gezeiten zwischen Wünschen, Wollen und Realität, Entscheidungen von himmelhoch jauchzend bis zu Tode betrübt, bis unsere Kanten geschliffen sind, wir mit uns und dem anderem zufrieden sind. Ich war lange genug auf meine Rollen fixiert,

habe sie ausgekostet und es war köstlich und doch, irgendwann plötzlich war ausgespielt. Vor lauter Mutter- und Frau-Sein habe ich vergessen meine eigene Rolle zu spielen. Meine Identität und deren Interpretation war an Partner und Kindern aufgehängt, immer für die andern da, die Krise war da, die keiner wollte, Kränkungen und gekränkt sein, Verletzungen, man weiß haargenau, wo man beim anderen zuschlagen muss, damit es tief geht und ordentlich sitzt, man lässt die Dolchstiche viel zu tief in seine eigene Seele hinein und stößt selber noch fest hinten nach, wenn die Existenzängste drohen, der beste Freund ist zum ersten Erzfeind geworden, das klassische Wiederholungstrauma meiner eigenen Kindheitsgeschichte. Der Lebenstraum von Beziehung und Familie ist zerbrochen in geradezu frappierender Ähnlichkeit. Damit bin ich jedoch nicht einsam auf weiter Flur, sondern finde mich in bester Gesellschaft damals wie heute, ein weit verbreitetes Phänomen. Täter- und Opferspiele wechseln sich ab, dieselbe Problematik, die ich als Kind erlebte, holt mich dreißig Jahre später als Erwachsener ein, eine meiner Töchter ist diesmal genau so alt wie ich damals. Auch das ist nur eine unter den unzähligen Theorien, mit denen ich versuche meine Causa zu erklären, sie heißt die Schocktheorie. Schock, und sei er physischer oder psychischer Art, löst Krankheit aus, sozusagen, und die Krankheit bleibt solange bestehen, bis der Schock aufgelöst ist. Was aber ist mit Krebs, wo die Initialzündung irgendwann einmal stattgefunden hat, eine Zelle beschlossen hat immer weiter zuwachsen, was kann sie wirklich stoppen, schließlich kann ich nicht ein bisschen Krebs haben, genauso wenig, wie ich ein bisschen schwanger sein kann, entweder – oder, das wenigstens weiß ich heute. Ich habe mir meine Freude wieder geholt, mich auf meinen eigenen Weg gemacht. Die Wogen sind geglättet. Das Sturmtief ist viele Jahre her, ist inzwischen längst kein Thema mehr. Ich muss keine speziellen

Rollen mehr spielen, nur die, die mir Spaß machen, muss nicht alles auf mich beziehen und bin mir selber genug.

So ist das mit den Theorien, man trägt sie eine Weile mit sich spazieren, bis sie von einer neuen, vermeintlich besseren abgelöst werden, und kommt doch nie auf den Punkt. Eine stattliche Sammlung solcher Gedankengebäude auf den verschiedensten Ebenen habe ich mir im Lauf der Zeit zugelegt und bin doch nicht schlüssig, welche auch nur annähernd die richtige sein könnte. Die meisten Menschen wissen genau Bescheid, was bei ihnen die Ursache allen Übels war und ist, das sind auch dieselben, die bei mir sofort Bescheid wissen, wenn es um die Erklärung meiner Krankheit geht, das ist das Schubladenphänomen, Schublade auf – Krankheit hinein – Schublade zu. Na klar, die kausale Monotherapie und dazu die strikte Zuteilung von außen zu innen, da körperlich, hie seelisch. Ohne Grautöne bitte, schön schwarz-weiß. Eine der typischen Fälle von Henne und Ei. Und wenn sich Widerstand zeigen sollte, so ist das der beste Beweis für die Richtigkeit der These, Verdrängung nennt man das dann. Und in jedem Fall ist der Angeklagte schuldig. So einfach und einspurig ist es dennoch nicht. Alle Erklärungen, alle Fragen nach dem Warum und deren Antworten, seien es die eigenen oder die der anderen, die auch ich früher so locker vom Hocker der Unbetroffenheit herunter statuierte, führten letztendlich nur wieder zu Angst- und Schuldgefühlen, zu nichts weiter als zur berühmten Wurmsuche. Da kann doch was nicht stimmen, sonst wäre es nie dazu gekommen, sagen sie, wäre ich doch anders gewesen, sage ich und wer weiß, vielleicht liege ich immer noch ganz falsch, der Zwang etwas tun und ganz anders sein zu müssen kann zur Wahnvorstellung werden. Dieses typisch westliche, kausale Denkmodell, es ist ein Aspekt unter vielen, nicht alles. Vielleicht lag ich sogar ganz gut im Rennen und hatte einfach Pech, vielleicht entspringt meine Frage nach irgendeiner Antwort reiner menschlicher Selbstüberschätzung. Dem menschlichen Drang nach erlösender Selbsterkenntnis. Der Narziss Homo sapiens dreht sich in seinem Erklärungsdrang im Kreis, beißt sich wie der Hund in den Schwanz. Und man weiß tatsächlich nie, wo man gerade unterwegs ist, immer erst im Nachhinein. Ich bin mit logischen Argumenten sehr zurückhaltend geworden bei anderen und auch bei mir selbst und so habe ich beschlossen zu akzeptieren was war, zufrieden mit dem, was ich bisher in meinem Leben getan und was daraus geworden ist, habe die Methoden aufgegeben, die nicht meinem Naturell entsprangen, wo ich fremd orientiert war, wo ich dachte man muss, ich habe es aufgegeben mich ständig mit Krankheit und Tod zu beschäftigen, weil ich das im letzten Jahr für alle Zukunft genug getan habe, die Fragen des Machens stellen sich nicht mehr. So gut wie alles, was in meiner Macht stand, eigentlich mehr als das, habe ich versucht, und ich brauche mir weder den Vorwurf machen, etwas verabsäumt zu haben, noch stellt sich die Frage etwas nachzuholen. Viele der Dinge, die ich versuchte und die ich nur zum Teil beibehalten habe, sind gute Dinge, die Sinn machen im Vor- und Nachsorgebereich und als Therapiebegleitung, sie waren nur viel zu wenig potent irgendetwas auf zu halten oder gar rückgängig zu machen, bei mir, das war die schmerzliche Illusion daran. Und offensichtlich war ich nicht bereit zu etwas anderem. Wenn ich jetzt weiterleben darf, dann ist es mir bestimmt, dann fällt es mir zu, wenn es geschehen will, dass mein Leben weitergeht, so wird es das und wenn nicht, dann muss ich mich nicht mehr darum bemühen. Ich darf vertrauen, alles hat seinen Sinn. Und ich hab meinen.

Es ist Montag früh und ich bin unterwegs zur Chemo Nummer fünf, der ersten nach der Operation, ganz stolz alleine gefahren zu sein, ganz stolz ein bisschen Boden unter den Füßen zurück gewonnen zu haben, obwohl ich das Krankenhaus schon nicht mehr sehen kann, sehne ich die Therapie herbei, auf dass sie wirken möge, wegen der verbleibenden fünf Prozent. Das gibt ein Gefühl der Sicherheit. Bevor die akuten Nebenwirkungen einsetzen, sollte ich wieder zu Hause sein. Und diesmal setzt es mir härter zu, ich bin anscheinend noch recht geschwächt von der Operation, kalter Schweiß rinnt in Strömen, das Übliche, starkes Kopfweh, Schmerzen im Bauch, die Kraft ausgehaucht, liege ich tagelang waagrecht im Bett, total vergiftet und fast ein wenig hysterisch, wie soll ich das alles auch nur ein einziges Mal noch überstehen. Haut und Muskel hängen schlapp an meinem Körper herunter, an Training in diesem Zustand ist nicht zu denken, mein Fahrgestell braucht diesmal etwas anderes als wieder Disziplin, nämlich Ruhe. Es atmet mich mühsam, bis das Ärgste nach ein paar Tagen wieder vorüber ist, diesmal dauert es länger als sonst, diese bleierne Schwäche und Unruhe, von Mal zu Mal wird es mir schwerer zu ertragen, meine Geduld mit mir ist am Ende; und dann irgendwann doch erwachen blitzartig die Lebensgeister wieder. Es ist eine Zeit, Monate, mehr als ein Jahr, in dem das Augenmerk nur auf das Überleben gerichtet ist, alles andere ist Nebensache und interessiert mich auch nicht, ich fahre nicht in der Gegend herum, habe keine Termine außer Kontrollen und Therapien, eine Gegenwart ohne Zukunft, nicht, weil es keine geben sollte, sondern weil sie nicht zu planen ist. Ich hätte eigentlich gedacht, dass in Momenten der Begrenztheit Gefühle und Wünsche auftauchen das eine oder andere unbedingt noch tun, sich erfüllen zu müssen, so ist es nicht, nicht einmal im Ansatz und es geht weiter Schritt für Schritt, ganz banal und doch so kostbar.

Ich habe Angst, dass mir alles in meiner derzeitigen Verfassung zuviel werden könnte, dass zu wenig Reserven bleiben für eine Gesundung. Ich sehne mich nur nach dem Tag, an dem ich beginnen kann endgültig meine Kräfte zu regenerieren.

Zweimal noch hab ich es geschafft, die Chemo zu überstehen, immer besser, die Übelkeit und die Zappelfüße habe ich abgefangen, bevor sie so richtig in Erscheinung treten konnten, auch das habe ich gelernt, nicht ewig zu warten bis ich Tabletten nehme und mir Erleichterung verschaffe, nach dem vorletzten Mal bin ich sogar wieder Schi fahren gewesen, nach einem ganzen Jahr zum ersten Mal wieder. Und nach dem letzten Mal bleiben sogar die ärgsten Nebenwirkungen aus, ich bleibe auf den Beinen, zwar wackelig unruhig mit Schmerzen, aber nicht komplett kaputt.

Und da war noch eine Sache, die ich fast vergessen hätte. Ich war vom Krankenhaus heimgekommen. Es ist so um Mitternacht, als ich ruckartig aus dem Tiefschlaf erwache und senkrecht aus dem Bett schieße. Ich rase die Treppe hinauf und wieder herunter, ich setze mich in die Badewanne und dusche kalt. Ich bin wie von der Tarantel gestochen. Vollkommen außer mir. Ich bewege mich ruckartig, kann meine Gliedmassen nicht richtig koordinieren. Mich nicht eine Sekunde lang still halten. Beobachte mich wie von außen. Ich setze mich wieder in die Badewanne, diesmal bade ich heiß, insgesamt sechs Mal hintereinander. Aber was das Schlimmste ist, ist ein Gefühl dabei, das sich nicht wirklich beschreiben lässt. Eine so unerträgliche Unruhe hat mich befallen, dass, hätte jemand in dieser Nacht eine Pistole auf mich gerichtet, ich ihn angefleht hätte abzudrücken und mich von diesem Übel zu befreien. Ein Wahn hatte mich befallen und ich hatte keine Ahnung, was los war. Im Morgengrauen kommt J. nach Hause, schaut mir verwundert eine Zeit lang bei meinen verrückten Verrenkungen zu und fragt mich dann, ob es sein könnte, dass ich das Morphin zu schnell abgesetzt habe. Wie recht sie doch hat. Jetzt weiß ich auch, wie es sich anfühlt on turkey zu sein. Ein echter Horrortrip.

Alles in allem im Nachhinein betrachtet, habe ich mir die Sache mit der Chemotherapie trotzdem viel schlimmer vorgestellt, als sie tatsächlich war, der Ruf, der ihr vorauseilt, den hat sie zu Unrecht, zumindest in der heutigen Zeit, vor zehn oder zwanzig Jahren war es bestimmt noch unvergleichbar härter. Die Zeit, die ich davor alleine kämpfte, war ungleich schlimmer, war die Schlimmste in meinem Leben überhaupt. Die Chemotherapie hat mir mit Sicherheit das Leben gerettet, ohne sie wäre ich schon längst in den sicheren Tod gegangen. Obwohl ich selbst an den tiefsten Tiefpunkten so etwas wie eine Hoffnung nie aufgegeben hatte. Man fragt sich nur manchmal in solch einer Situation, wozu man eigentlich leben soll, wenn man gar keine Kraft dafür mehr hat, nein, besser gesagt nicht wozu, sondern man weiß gar nicht mehr so recht was dasjenige ist, was man nicht loslassen will, weil man den Geschmack und den Geruch des Lebens nicht mehr auf der Zunge hat, bestenfalls eine Erinnerung daran, was das Leben einmal war. Aber das alles ist schon wieder ewig her. Ist selbst zur Erinnerung geworden.

Und was die Sache mit der großen, schwarzen Krähe betrifft, sie ist seit dem letzten Frühling nie mehr wieder auf meinem Fensterbrett erschienen. Auch sie ist Erinnerung.

Jetzt habe ich wieder Lust auf Leben, auf Urlaub, Spaß, Genuss und Arbeit und vieles mehr, es ist jetzt nicht mehr nur ein Durchhalten, sondern ein Aufbauen mit jedem Tag immer ein bisschen mehr, ich möchte aus mir heraussprudeln, vor Tränen lachend das Leben umarmen und lieben ohne Rollenspiele, ohne stetes Bemühen und angstvolles Fragen um der Zukunft willen, ich bin unendlich dankbar, dass ich es bis hierher geschafft habe, nicht mehr und nicht weniger. Ich bin allen unendlich dankbar, die mir dazu verholfen haben, meiner Familie, den Ärzten, den Schwestern und all den Freunden, die mich auf diesem schweren Abschnitt des Weges, auf leidvollen Abgründen, begleitet und unermüdlich unterstützt haben, und den Menschen, die mir mit ihrem Wissen und Handeln das Leben wieder ermöglicht haben. Ich will sie nicht einzeln aufzählen, denn sie wissen es bestimmt auch so.

Ich bin in die so genannte Beobachtungsphase und Aufbauphase eingetreten, die Kontrollen sind und werden noch lange sehr aufregend werden, meine weißen Blutkörperchen müssen sich erst noch erholen, ich werde den Wiedereintritt in die Gesellschaft der Menschen wegen meiner reduzierten Abwehrkräfte erst langsam und vorsichtig wagen. Mein zweites Leben hat soeben begonnen, die Vorfreude darauf ist riesengroß, denn ich spüre meine Kraft wieder. Ich habe wieder einen Zentimeter Haare am Kopf und manchmal umfängt mich ein Glücksgefühl, nur weil ich weiß, dass ich noch am Leben bin.

Möglich, dass es gute Gründe gab für diesen meinen Krebs, möglich und auch nicht. Ich könnte an dieser Stelle viele großartig klingende Dinge behaupten, die nur das logische Denken befriedigen würden. Ich habe die Tatsache dieser Krankheit akzeptiert.

Ich glaube nichts Bestimmtes und rate nichts und niemandem. Weil ich es nicht weiß, weil ich nichts weiß. Desto länger ich über meine Odyssee nachdenke, umso weniger begreife ich, was geschehen ist, bis heute. Unvorstellbar ist mir, wie ich glauben konnte, mit Vitaminen und Homöopathie alleine und einer noch nicht standardisierten Impfung, eine potente Alternative gefunden zu haben um meinen Körper vom Krebs zu befreien. Doch es war der Rat von engagierten Ärzten. Sonst hätte ich diese Entscheidung nie gewagt. Und was die Fastenkur betrifft, so konnte ich immerhin von acht Leuten ausgehen, die davon absolut gesund geworden sind. Was auch immer. Sicherlich hat zu Beginn im Schock der Diagnose die Angst mitgeschwungen, dass etwas in meinem Leben bisher schief gelaufen sein muss, sonst hätte ich nicht diese Krankheit bekommen, daher war ein

Paradigmenwechsel angesagt, ich wollte etwas anders machen als bisher. Von dieser Vorstellung bin ich geheilt. Nur das eine kann ich heute sagen, dass ich zwar den Kampf losgelassen, aber nie mich ganz aufgegeben habe.

Was jetzt noch fehlt, ist mein Schlussplädoyer, es wird leise ausfallen. Was als alternative Überlebensgeschichte begonnen hatte, ist zu einer Warnung geworden sich auf Spekulationen einzulassen, auf Alternativen allein zu vertrauen, denn im Vertrauen war ich zu gut. Die Karten sind neu gemischt, könnte man sagen, die nächste Spielrunde kann beginnen. Es geht darum das Spiel gut zu spielen, denn so einfach ist es nicht zu spielen mit den verdeckten Karten, die man bekommen hat, auch weil die Regeln nicht eindeutig sind und man nicht alle kennt.

Ich könnte an dieser Stelle anbringen, wie froh ich um all diese Erfahrungen mit der Krankheit bin, dass diese Krise das Beste war, was mir passieren konnte, weil ich als neuer Mensch daraus hervorgegangen bin, das sagen nämlich alle, die an dieser Stelle angelangt sind, die in so einer Situation waren und es wäre vielleicht was Wahres daran, aber das zu beurteilen überlasse ich lieber den anderen, man sieht sich selber nicht gut aus der Nähe. Es klingt mir auch viel zu pathetisch, zu selbstgerecht und ich bin immer noch kein Verfechter der christlichen Leidensphilosophie: erst leiden, dann leben. Es klingt auch nach der Fabel vom Fuchs, dem die Trauben zu hoch hängen, es ist nicht meine Art die vielen Facetten des Lebens zu erfassen. Tatsache ist, dass sich viel verändert hat, nicht zuletzt mein Lebensgefühl, dass ich mir und dem Menschsein anders begegne, aber es ist schwer in Worte zu fassen, weil es ganz einfach nur ganz anders ist. Ich muss nicht mehr so schnell sein und mich selber überholen, die Übergänge sind fließender, weicher geworden.

Für vieles gibt es tatsächlich keine Worte, oft sind sie überflüssig, stehlen einem die Zeit, sind lästig und ärgerlich. Hätte jeder seine eigenen Worte, dann müssten nicht so viele hinter irgendwelchen Worten anderer herlaufen. Und viel zu viele Worte bewirken oft genau das Gegenteil von dem, was man sagen wollte. Aber manchmal sind Worte ganz wichtig. Früher hatte ich oft das Gefühl mein Leben in Trance zu verbringen, obwohl es nach außen hin nur schwer zu erkennen war, eine Art Doppelleben, eines in mir und eines außer mir. Vielleicht daher mein Bedürfnis zu schreiben, ein Ausgleich diesmal mit Worten.

Tatsache ist aber auch, dass der Kuchen noch nicht bis zum Ende gegessen ist, aber letztendlich ist der Kuchen nie ganz gegessen, solange wir leben, es ist so, dass man nicht trotzdem, obwohl, sondern gerade deswegen, weil, das gewisse „Apfelbäumchen" pflanzt, nicht auch, sondern weil man daran denkt, dass die Erde morgen untergehen könnte und dass sie tatsächlich irgendwann untergehen wird.
Daher werde ich täglich ein „Apfelbäumchen" pflanzen, bis ich den Jahrestag meiner letzten Therapie feiern werde, den ersten Jahrestag des ersten Tumormarkers im Normalbereich: dreiundzwanzig! Von ehemals dreitausendfünfhundertachtzig. Das Wunder ist nun doch noch eingetreten, nur ganz anders, als ich dachte.

Ganz anders als ich dachte, ist auch das Ergebnis des Gentests ausgefallen! Nach neun Monaten ist das Resultat angekommen mit einer fünfprozentigen Fehlerquote, ein Tag der Freunde und des Feierns: kein Erbdefekt, nichts weitergegeben, eine Schuld weniger. Umso mehr drängen sich wieder die in die Ferne gerückten Gedanken auf, was ist es, das diesen frappierend ähnlichen Zufall, die familiäre Wiederholung einer Krankheit ins Rollen brachte. Auch wenn es absurd ist, weil es sowieso niemandes Schuld sein könnte und weil es an meiner persönlichen Situation absolut nichts mehr verändert. Und trotzdem, ich bin froh und erleichtert, nicht nur für die Mädchen, sondern für alle drei Kinder, denn das defekte Gen hätte sich nicht nur auf den Eierstock, sondern auch auf den Brustkrebs bei Männern bezogen, und so brauchen wir außer der besonderen Beobachtung einstweilen keine besonderen Maßnahmen ergreifen. Auch für mich bin ich froh. Und in einigen Jahren, ich gebe die Hoffnung nicht auf, die täglich von Schlagzeilen genährt wird, wird es dann endlich die Krebsimpfung geben, von der ich schon im Jahr 2000 träumte, die dann tatsächlich auch funktionieren wird oder ganz etwas anderes, das wirkt.

Ungefähr sieben Jahre alt war Mora, als sie das Bild von sich und der Welt zeichnete, sie versteckte es aber vor den Erwachsenen, zog es nur hervor und spielte damit, wenn sie sicher war alleine zu sein. Sie wollte selber Regie führen.

Da waren Berge und Täler, große Flüsse und Seen, Winde, ein Ozean, auch ein Vulkan, der noch rauchte und ein Geysir, der regelmäßig Wasser spuckte. Menschen und wilde Tiere hausten in den Wäldern, es gab Städte und Dörfer, Könige und Bettler, also alles, was so in eine ganze Welt hineingehört. Das wäre alles nichts Besonderes gewesen, eine ganz gewöhnliche Landkarte einer kindlichen Phantasie. Das Außergewöhnliche jedoch daran war, dass alles mobil und global miteinander vernetzt war, interaktiv wie man heute zu sagen pflegt, das hatte sich zufällig so ergeben, als sie sich selber hineingezeichnet hatte, dass man alles nach Lust und Laune hin und her schieben konnte, mehr noch, dass es auch ganz von selber in Bewegung kam, nur waren die daraus entstehenden Folgen vollkommen unvorsehbar geworden. Allein durch das Versetzen eines einzigen Hauses oder einer Person, einer Landesgrenze zum Beispiel, durch das Verändern eines Flusslaufes oder das Zustopfen eines Vulkans konnten wilde Kettenreaktionen in Gang geraten. Zum Beispiel konnte ein Krieg ausbrechen, ein Erdbeben, eine Epidemie und auch abstrakte Begriffe konnten durch das Aufeinandertreffen verschiedener Menschengruppen passieren, wie ein plötzlicher Frieden, eine neue Gesellschaftsform, bisher unbekannte Sprachen oder Wirtschaftszweige konnten entstehen. Und das Beste daran war, sie konnte selber mitspielen, hineingehen in die Welt, in ihrer Landschaft nach Wahl spazieren gehen und jede Menge Abenteuer erleben, aber nur, wenn sie wollte, wenn sie grad keine Lust hatte, dann nicht, dann war sie Zuschauer, Beobachter, und diese Rolle war auch nicht so schlecht. Aber die meiste Zeit war sie mit dabei, es war doch spannender hautnah zu erleben, was so geschah auf ihrer Welt. Manchmal war es schwierig einen Zustand, der entartet war, wiederherzustellen oder eine drohende Gefahr gerade noch rechtzeitig abzuwenden, einmal hatte sie sogar Angst gehabt, die ganze Landkarte könnte sich selber vernichten, der ganze Kosmos hätte sich beinahe in Schall und Rauch aufgelöst, alles wäre umsonst gewesen, wenn sie noch einen einzigen Schritt weiter gegangen wäre, und da war sie gerade mit drauf am Bild, allerdings wusste sie jetzt, sie konnte jederzeit heraustreten, wenn sie nicht mehr wollte, sie durfte nur den richtigen Zeitpunkt nicht übersehen.

So war das mit der Angst.

Wir schreiben inzwischen das Jahr 2004. Ein ganzer Wald von Apfelbäumchen blüht und gedeiht in meinem Garten. Und was die Zukunft betrifft, sorge dich nicht.